建築・インテリアのための

伝わるパースの描き方

HOW TO DRAW
A PICTURE
IN PERSPECTIVE

X-Knowledge

カバーデザイン　市川さつき (ISSHIKI)
本文デザイン　米山翔子 (ISSHIKI)
印刷　シナノ書籍印刷株式会社

はじめに

　世間一般に関わらず、建築やデザインの世界においても技術革新が著しい昨今、日々新しい表現方法が生まれています。いまや CAD も BIM に変わろうとしていますし、A.I の進化で取り巻く環境はますます変化していくことでしょう。

　このような環境の中で新しい技術はどんどん利用し、時代に適応していかなければならないのですが、我々設計者やデザイナーが基礎体力として身につけておくべき物が何かを考えた時、時代に逆行していくように見えますが、手描きパースの重要性が見直されています。頭の中にあるイメージを具現化する方法、空間を頭の中で組み立てる方法は手描きパースを描く事によって蓄積されていきます。この技術は我々建築表現者にとっての基礎体力といっても過言ではないでしょう。CG パースが主流になったレンダラーの世界においても、ここ数年手描きパースでの注文が増加の傾向にあります。

　本書では手描きパースの下描きから彩色における技術をわかりやすく解説しています。現在、建築やインテリアデザインを学ぶ学生のみならず、業界で活躍しておられる方にも手描きパースの導入、表現者の基礎体力トレーニングとして活用していただければ幸いです。

湯浅　禎也（コラムデザインセンター）

Contents

はじめに……………………………………………………… 003

下描きのダウンロードについて………………………… 006

CHAPTER 1
パースの基礎

01 建築におけるパースとは………………… 008
建築で使われるパースの意味……………… 008
建築パースで使用される主な遠近法………… 009

02 パースの用途と透視図の種類………… 010
建築の工程………………………………… 010
パースの用途……………………………… 010
透視図の種類……………………………… 011

03 遠近表現の基本……………………… 012
VP（消点）と HL（目の高さ）……………… 012
遠近表現による見え方のちがい…………… 013

04 陰影について……………………… 014
陰と影……………………………………… 014
陰の役割…………………………………… 014
影の役割…………………………………… 015
グラデーションの効果……………………… 016

CHAPTER 2
インテリアパースの描き方

01 インテリアパースの下描き―基本― ……… 018
ここで描くパースの図面………………… 018
制作手順………………………………… 019
Step 1 壁・床・天井を描く…………… 020
Step 2 掃き出し窓を描く…………… 022
Step 3 扉を描く…………………… 023
Step 4 腰窓を描く………………… 024
Step 5 テーブルを描く……………… 025

02 インテリアパースの下描き―応用― ……… 028
ここで描くパースの図面………………… 028
制作手順………………………………… 030
Step 1 壁・床・天井を描く…………… 031
Step 2 縦すべり窓を描く…………… 032
Step 3 掃き出し窓を描く…………… 033

Step 4 収納家具（棚）を描く………… 034
Step 5 テーブルセットを描く………… 036
Step 6 カウンター周りを描く………… 038

03 インテリアパースの鉛筆仕上げ ………… 042
インテリアパースでよく使われる点景の描き方 042
制作手順………………………………… 043
Step 1 下描きを転写し、細部を追加…… 044
Step 2 点景・目地を描く…………… 045
Step 3 陰影を描く………………… 046

CHAPTER 3
外観パースの描き方

01 外観パースの下描き―基本― ………… 048
ここで描くパースの図面………………… 048
制作手順………………………………… 049
Step 1 正面の外壁を描く…………… 050
Step 2 側面の外壁を描く…………… 052
Step 3 正面の開口部を描く………… 053
Step 4 側面の窓を描く……………… 054
Step 5 入口の凹みを描く…………… 055

02 外観パースの下描き―応用― ………… 057
ここで描くパースの図面………………… 057
制作手順………………………………… 058
Step 1 建物概形を描く……………… 060
Step 2 正面のガイドラインを描く……… 062
Step 3 階段室と階高の線を描く……… 063
Step 4 窓を描く…………………… 067
Step 5 １階の開口部を描く………… 069
Step 6 意匠壁と庇を描く…………… 070

03 外観パースの鉛筆仕上げ……………… 075
外観パースでよく使われる点景の描き方……… 075
制作手順………………………………… 077
Step 1 点景を描く………………… 078
Step 2 建物の線を転写する………… 078
Step 3 陰影を描く………………… 079
Step 4 空を描く（背景処理）………… 080

CHAPTER 4

着彩の基本

01 色の３つの性質 ································ 082

02 水彩パースで使う道具 ···················· 083

03 下描きの準備 ······························· 085

04 水彩パースでよく使う色 ················· 087

05 色の塗り方 ································· 088

　　塗り方の基本 ···························· 088

　　グラデーション（陰影）の付け方 ········ 089

　　点景の塗り方 ···························· 090

06 質感表現 ································· 091

CHAPTER 5

インテリアパースの着彩

01 インテリアパースの着彩—基本— ········· 098

　　天井・壁・床の着彩でよく使われる混色 ······ 098

　　制作手順 ····························· 099

　　　Step 1　天井・壁・床を塗る ··········· 100

　　　Step 2　家具を塗る ·················· 101

　　　Step 3　窓を塗る ···················· 101

　　　Step 4　影を塗る ···················· 102

　　　Step 5　その他の点景を塗る ··········· 102

02 インテリアパースの着彩—リビングダイニング—

　　　································· 103

　　リビングダイニングのインテリア着彩 ······ 103

　　制作手順 ····························· 104

　　　Step 1　天井・壁・床を塗る ··········· 105

　　　Step 2　家具や暖炉を塗る ············· 106

　　　Step 3　その他の点景を塗る ··········· 107

　　　Step 4　影を塗る ···················· 108

　　　Step 5　窓を塗る ···················· 108

03 インテリアパースの着彩—店舗— ········· 109

　　店舗のインテリア着彩 ·················· 109

　　制作手順 ····························· 110

　　　Step 1　天井・壁・床を塗る ··········· 111

　　　Step 2　腰壁と棚を塗る ··············· 112

　　　Step 3　カウンター周りを塗る ········· 112

　　　Step 4　影を塗る ···················· 113

　　　Step 5　点景を塗る ·················· 113

CHAPTER 6

外観パースの着彩

01 外観パースの着彩—基本— ··········· 116

　　外観パースにおける窓の塗り分け ········· 116

　　制作手順 ····························· 117

　　　Step 1　空と道路を塗る ··············· 118

　　　Step 2　壁を塗る ···················· 118

　　　Step 3　窓を塗る ···················· 120

　　　Step 4　エントランス付近を塗る ········ 120

　　　Step 5　影を塗る ···················· 121

　　　Step 6　点景を塗る ·················· 121

02 外観パースの着彩—店舗— ··········· 123

　　店舗の外観着彩 ························ 123

　　制作手順 ····························· 124

　　　Step 1　空と道路を塗る ··············· 125

　　　Step 2　壁を塗る ···················· 125

　　　Step 3　窓を塗る ···················· 126

　　　Step 4　庇や看板などを塗る ··········· 127

　　　Step 5　植栽とサインを塗る ··········· 128

　　　Step 6　目地と影を塗る ··············· 128

　　　Step 7　点景を塗る ·················· 128

03 外観パースの着彩—戸建住宅— ········· 129

　　戸建住宅の外観着彩 ···················· 129

　　制作手順 ····························· 130

　　　Step 1　空と道路を塗る ··············· 131

　　　Step 2　壁を塗る ···················· 131

　　　Step 3　窓を塗る ···················· 132

　　　Step 4　屋根とサッシを塗る ··········· 133

　　　Step 5　アプローチと植栽を塗る ········ 133

　　　Step 6　目地と影を塗る ··············· 134

　　　Step 7　点景を塗る ·················· 134

CHAPTER 7

さまざまな表現方法

01 マーカーによる着彩 ···················· 136

02 色鉛筆による着彩 ······················ 138

03 風景画風の着彩 ························· 140

04 不透明水彩による着彩 ·················· 142

下描きのダウンロードについて

　本書の第5章と第6章の着彩で使用する下描きのデータは、以下のエクスナレッジサポートページからダウンロードできます。下記ページの記載事項をお読みになり、ご了承いただいたうえでデータをダウンロードしてください。

http://xknowledge-books.jp/support/9784767824888

ダウンロード

●本データは、ZIP形式で圧縮されています。ダウンロード後は解凍(展開)して、デスクトップなどわかりやすい場所に移動してご使用ください。ZIP形式ファイルの解凍(展開)方法は、ご使用のOSのヘルプやマニュアルを読んでご確認ください。

●下描きの各データはJPG形式です。データは印刷してご使用ください。

●以下のリンクをクリックするとダウンロードが開始されます。ダウンロードデータの保存方法、保存先などはご使用のWebブラウザの種類やバージョンによって異なります。ご使用のWebブラウザのヘルプやマニュアルを読んでご確認ください。

■ 着彩下描きパース
▶ ch5_6_shitagaki.zip [2.24MB] ←「ダウンロード」にあるリンクをクリック

5章で使用する下描きパース

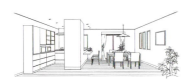  

Chapter5-01.jpg　　　Chapter5-02.jpg　　　Chapter5-03.jpg

6章で使用する下描きパース

Chapter6-01.jpg　　　Chapter6-02.jpg　　　Chapter6-03.jpg

第1章

パースの基礎

CHAPTER 1
01 建築におけるパースとは

> **基本原則**
> - 「パース」は「perspective（パースペクティブ）」の日本語での略語
> - 建築・インテリアでは、図面だとわかりにくい三次元イメージを表現するもの
> - 建築パースでは線遠近法・重ね遠近法・空気遠近法が使われる

建築で使われるパースの意味

　パースとは、英語のperspective（パースペクティブ）の日本語での略語で、一般的に透視図（Perspective drawing）のことを指します。透視図は、人間の目で見るのと同じように遠くにあるものを小さく、近くにあるものを大きく描く遠近法によって描かれます。

　建築物を作る場合、平面図や立面図、断面図、あるいは展開図などを作成しますが、これらは、いずれも二次元的（平面的）であるため、建築の専門知識がある人でなければ、完成される建築物はイメージしにくいものです。そこで、図面に不慣れな人にもイメージしやすいように、パースが用いられます。建築におけるパースとは、遠近法により未完成物件を立体的に描いた完成予想図です。建物の外観や室内を立体的に表現することで、図面などではわかりにくい全体のイメージを伝えます。

　建物の外観を描いたものを「外観パース」、室内を描いたものを「インテリア（内観）パース」といいます。図面をもとに描き起こしているので、全体像をイメージするうえで役立ちます。最近ではCG加工したものや、よりリアリティをもったパースも登場しています。ただし、外構、植栽などは実際とは異なるので、パースには必ずその旨が表示されています。

インテリア（内観）パース

外観パース

建築パースで使用される主な遠近法

建築パースで使用される遠近法には、次のようなものがあります。

線遠近法

同じ大きさの物が目線の先に並んでいる場合、視点から遠くにある物ほど小さく、近くにある物ほど大きく描く方法。このとき、手前の線は太く、遠くの線は細く描く。

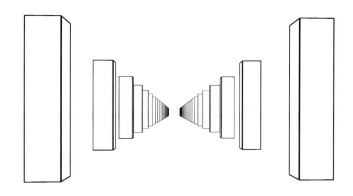

重ね遠近法

手前にある物と奥にある物を重ねて描く方法。奥にある物の線が手前の物の線で隠れることによって、遠近が判断できる。

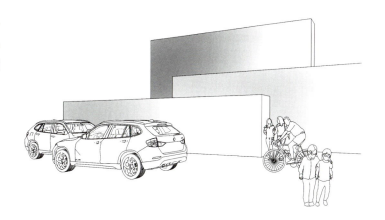

空気遠近法

手前の物を明瞭に描き、遠くの物を不鮮明に描く方法。遠くの物がぼやけた感じになることで遠近感が表現できる。

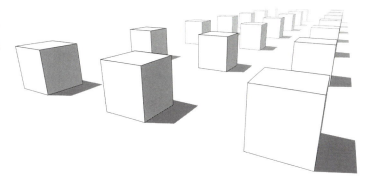

CHAPTER 1

02 パースの用途と透視図の種類

基本原則

- 建築パースは使用される工程や用途によって表現を変える
- 透視図には1消点パース・2消点パース・3消点パースなどがある

建築の工程

企画 ⇒ 調査 ⇒ 計画 ⇒ 設計 ⇒ 確認 ⇒ 施工

建築にはさまざまな工程があり、その工程ごとに求められるパースが異なります。最近は設計の最終段階や広告用などでリアルなCGパースが使用されることが多くなりましたが、企画・計画段階では、現在でも手描きで作成したイメージ先行のパースがよく使われます。工程や使用する場面でのパースの目的を見定めて、描き方や表現方法を選択しましょう。

memo

パースの表現方法には、鉛筆スケッチ・色鉛筆パース・水彩パース・マーカー・不透明パース・CGパース・VR（バーチャルリアリティー）など、さまざまな種類があります。

パースの用途

営業用…………施主の希望する空間をしっかりと把握したパースは、プレゼンテーションを成功へと導きます。営業力のあるパースは、線の表情はもちろんのこと、着彩が重要な役割をもちます。

販売促進用……広告や宣伝、ポスターなどに使用します。見た目の美しさが重要ですが、誇大広告にならないための正確さも必要です。

現場指示用……建築現場の指示用に使われます。寸法や納まりの正確さと分かりやすさが重要です。

考察用…………イメージ作りのためのパースで、設計者やデザイナーがアイデアを確認するために用います。

透視図の種類

　よく使われる透視図には、1消点パース、2消点パース、3消点パースがあります。いずれも消点（VPともいう。次ページ参照）をもち、透視図法に基づいて描く方法です。本書はこのうち、1消点パースと2消点パースを使った方法でパースを描きます。

1消点パース

1方向にだけ奥行きをつけて描く図法。消点は1つ。室内空間を描くのに適している。目の高さ（HL）や立ち位置を変えると、同じ空間でも見える方向を変えられる。

2消点パース

2方向に奥行きをつけて描く図法。消点は2つ。垂直方向の線はすべて平行になる。コーナーを描くのに適しているので、住宅の外観などを描くときに用いられる。

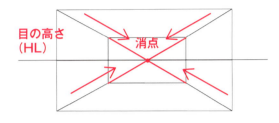

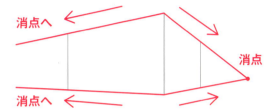

3消点パース

3方向に奥行きをつけて描く図法。消点は3つ。立体を見上げた状態などに用いられるため、高層建築の外観を描くのに適している。

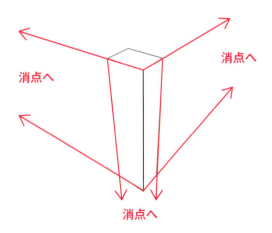

> **memo**
>
> 立体的に描く図法として、このほかにアイソメ図法やアクソメ図法があります。これらは透視図法ではなく投影図法というもので、消点をもちません。建築では間取りのイメージ図として使われることがあります。
>
>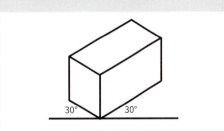
>
> アイソメ図
>
>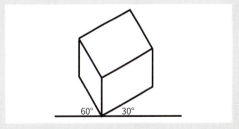
>
> アクソメ図

CHAPTER 1
03 遠近表現の基本

> **基本原則**
> - 遠近表現には、消点となる「VP」と目の高さとなる「HL」がある
> - 人物をパースに入れると目の位置はすべて HL 上になる
> - 同じ図形でも見る位置を変えると見え方が変わる

VP（消点）と HL（目の高さ）

　線路の真ん中に立ってずっと先のほうを見たと想像してください。何もさえぎるものがなければ、地平線が見えます。このとき線路は平行で、どこまで行っても交わることはないのに、地平線上の1点に向かっていくように見えます。この地平線上の点が「消点」で、これを「VP」といいます。地平線は目の高さになる水平な線で、これを「HL」といいます。この VP と HL をおぼえておくと、パースだけでなく、風景画などを描く場合にも役立ちます。

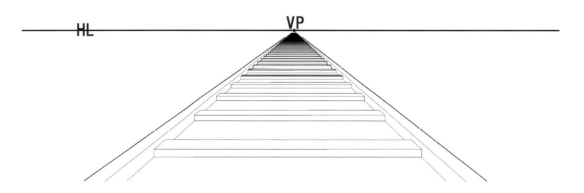

HL（horizon line）
　目の高さとなる水平線。目の高さより高い位置に置かれているものは底面が見え、目の高さより低い位置にあるものは上面が見える。

VP（vanishing point）
　奥行き方向に向かう平行な線が視覚的に交わる点。消点や消失点ともいう。1消点パースと2消点パースの VP は HL 上にある。

道路の両側に建物が並んでいる場合、建物の奥行き方向の線はすべて道路と同じ VP に向かいます。VP は HL 上にあり、このときの HL の高さが見ている人の目の高さになります。仮に、自分と同じ身長である複数の人物が奥にいる場合でも、人物の目の位置はすべて HL 線上にきます。

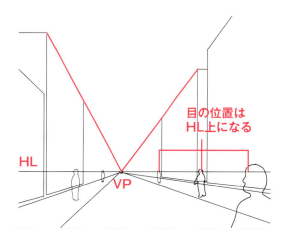

遠近表現による見え方のちがい

遠近表現では VP に向かって線を描くという特徴があるため、見る位置を変えると同じ図形でも表現方法が変わります。パースの形をとらえるためには、このことを理解しておくことが重要です。

面の見え方

たとえば正方形は正面から見ると、四辺が同じ寸法で上下・左右の辺がそれぞれ水平・垂直ですが、見る位置を横にずらしていくと奥の辺は短くなり、上下の辺は斜めになります。

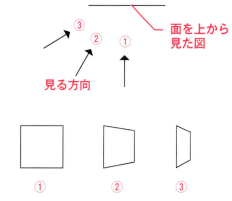

立体の見え方

たとえば立方体も目の高さと同じ位置に置かれていれば、真正面の正方形しか見えません。見る位置を上下左右にずらしていくと、見える面が変わってきます。面の見え方を感覚的にとらえる目が必要になるので、日頃から立体の見え方を意識しておくとよいでしょう。

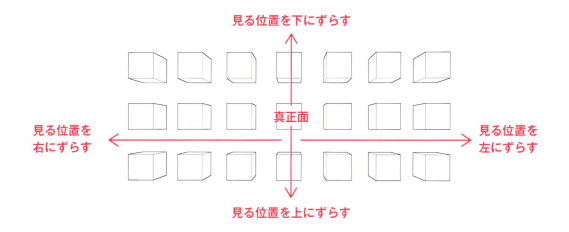

パースの基礎 | 013

CHAPTER 1
04 陰影について

> **基本原則**
> - 陰影には物体自体にできる「陰」と物体が他の面につくる「影」がある
> - 陰にはグラデーション、影には塗りつぶしを使う
> - グラデーションは立体感だけでなく、遠近感や質感なども表現できる

陰と影

陰影には「陰」と「影」の2つの"かげ"があり、物体自体にできるものが「陰」、物体により他の面にできるものが「影」となります。

陰（shade）
物体に帯びるかげ。光の当たり方によって、物体自体に写る暗い部分。

影（shadow）
物体自体の作るかげ。物体によって光がさえぎられて他の部分に写る暗い部分。

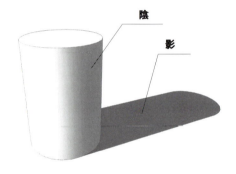

陰の役割

物体に帯びる陰は、主にその物体の立体感を表現するために用いられます。陰はグラデーションを使って表現し、光の当たっている明るい部分から光の当たっていない暗い部分までを色の濃淡で表します。これによりただの線画に立体感が生まれ、パースの表現に深みが出ます。

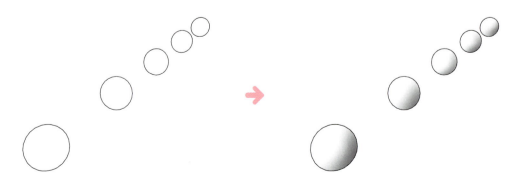

円なのか、球なのかわからない　　　　　球になる

影の役割

　物体が作る影は「陰」と同様に立体感を表現することができますが、主にその物体の形や位置を明確にする役割があります。影は塗りつぶしで表現し、着彩では黒ではなく、影が投影される面の濃い色で塗りつぶします。影は濃い色で表現するため、影を入れることで明るい部分がより強調され、パースにメリハリをつけることができます。

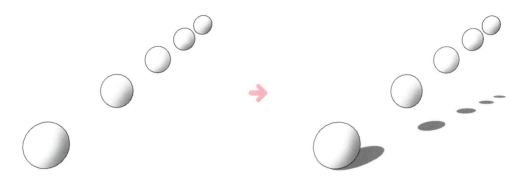

並んでいるが、位置がはっきりしない　　　　　高さがちがうことがわかる

　外観パースは45度上方から光が当たると考えて影を入れます。この角度で影を入れると、建物の形や庇などの凹凸が表現しやすくなります。

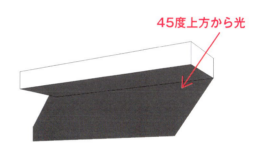

　インテリアパースは人工光源（照明）からの光はあまり意識せず、真上から光が当たっているように物の真下へ影を入れるとよいでしょう。これは形状がはっきりわかり、パースが自然に見えるからです。

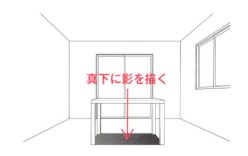

グラデーションの効果

グラデーションは立体感を出すだけではなく、次のような効果も表現できます。

遠近感

同一面の手前を濃く、奥を薄くすることによって遠近感を出せる。

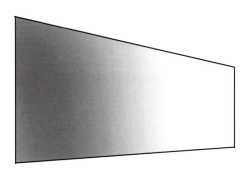

質感

明暗がはっきりした直線的なグラデーションを繰り返し入れると、硬質な素材（ステンレスなど）を表現できる。反対に明暗に大きな差を付けず、緩やかに色を変化させるグラデーションを入れると、柔らかな素材感が表現できる。

第2章

インテリアパースの
描き方

CHAPTER 2
01 インテリアパースの下描き ―基本―

基本原則
- インテリアは1消点パース、1/20スケールが基本
- 間口となる四角形とVP、HLを使って線を決めていく
- 最初に奥の面を確定し、窓や扉などの開口部、家具の順で描いていく

ここで描くパースの図面

　パースの下描きでは計画書や図面の内容を把握し、設計者が見せたい箇所が最も引き立つようなアングルを、線画として的確に表現します。アングルを決めたら、必要な情報（建具の種類、寸法など）を含む図面を用意します。ここでは、掃き出し窓を正面に据えたアングルとするため、平面図と掃き出し窓方向の面、さらにそれに隣接する側面の展開図を用意します。

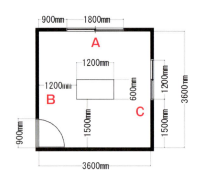

平面図

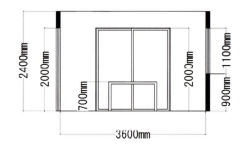

A 展開図

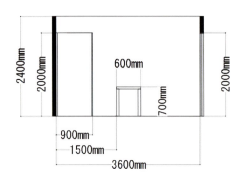

B 展開図

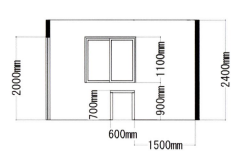

C 展開図

制作手順

　以下の Step の順で図の下描きを描いていきます。住宅のインテリアパースは通常 1/20 のスケールで描き、1 消点パースを用います。これなら A4 の用紙に収まり、完成した下描きを使用用途によって拡大／縮小コピーして使うことも可能です。下描きに使用する道具については、P.96 を参照してください。

完成図

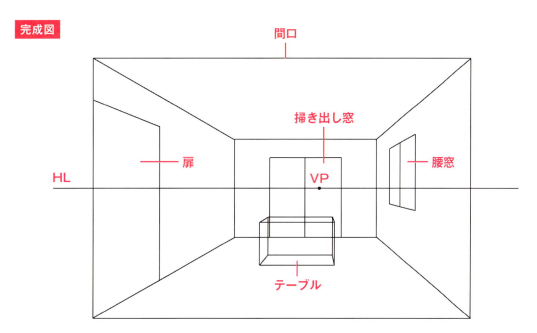

Step 1 壁・床・天井を描く

まず HL と VP を決めます。インテリアでは HL を椅子に座った高さ程度（ここでは 1200㎜）にするのが一般的です。VP と HL を使って間口や奥の面を確定します。奥の面につながる線が、壁や床、天井の線になります。

Step 2 掃き出し窓を描く

掃き出し窓の位置、幅、高さを図面の寸法から読み取り、一番奥の面に描きます。

Step 3 扉を描く

扉の幅、高さを図面の寸法から読み取り、左壁面に描きます。

Step 4 腰窓を描く

腰窓の位置、幅、高さを図面の寸法から読み取り、右壁面に描きます。

Step 5 テーブルを描く

ここでは箱型の簡単なテーブルを描きます。壁から離れた位置にある家具などは、縦幅・横幅・高さの 3 つの寸法と、左右と前後の 2 方向の位置寸法が必要になります。どの方向の線を作成するのかよく理解してください。

Step 1 壁・床・天井を描く

❶ HL と天井高の線を引く

紙の真ん中よりやや下側に HL とする水平線を引きます。左側で HL から下に 1200 の点を取り、そこから天井高（H=2400）となる垂直線を引きます。

> **memo**
> 1/20 のスケールだと実寸では 1200 ＝ 60㎜、2400 ＝ 120㎜となります。しかし、実寸表記にするとどこの寸法を指すのかがわかりにくくなるため、本書では図面の寸法値で説明します。

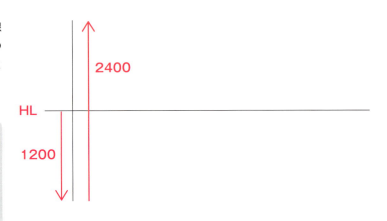

❷ 開口をとる

天井高となる垂直線を基準に、パースの正面となる間口（3600×2400）をとります。

> **memo**
> 下の水平線が FL（床面）のライン、上の水平線が天井のラインになります。

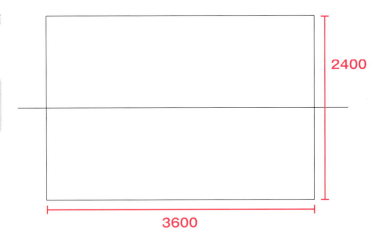

❸ VP をとる

4 つの頂点を A、B、C、D とします。ここでは HL 上の中央より少し右側に VP（消点）をとり、VP と A、B、C、D を結びます。VP と結んだこの線が、壁や床などの奥行方向を示す「奥行き線」となります。

> **memo**
> VP の位置によって見え方が変わります。ここでは左手前の扉が十分入るように、やや右側に VP をとっています。

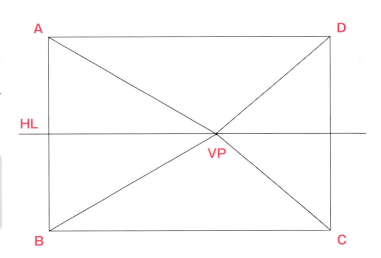

❹ 測点をとる

HL と線 AB の交点を測点とします。
測点と D を結びます。

> **memo**
> 「測点」とは壁や窓、家具などの位置を決めるときに基準となる点です。側点と奥行き線の交点から線を引くことによって、さまざまな物の位置が決まります。一般的に、間口と HL の交点で、VP より遠いほうの点を測点とします。

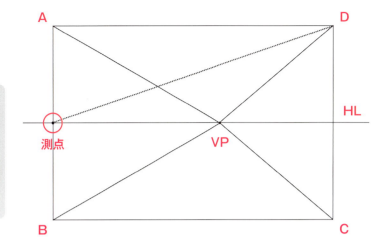

❺ 奥の面を作る 1

掃き出し窓のある一番奥の面を作ります。A の奥行き線と上記④で結んだ線との交点から B の奥行き線まで垂直線を引き、その交点から C の奥行き線まで水平線を引きます。

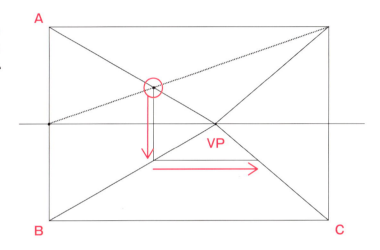

❻ 奥の面を作る 2

続けて D の奥行き線まで垂直線を引き、A の奥行き線まで水平線を引いて、四角形を描きます。これが奥の面になります。

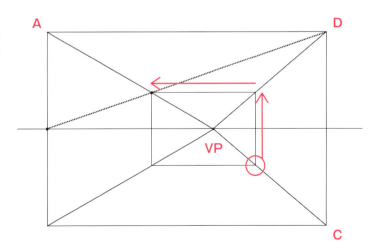

インテリアパースの描き方 | 021

Step 2 掃き出し窓を描く

❶掃き出し窓の位置をとる

作成した奥の面に掃き出し窓を作ります。線BC上に壁の入隅から掃き出し窓までの距離（900）と掃き出し窓の幅（1800）の点をとり、VPと結びます。

> **memo**
> 図面の寸法をパースに反映させるには、最初に正確な寸法で描いた間口の四角形を利用します。四角形上に必要な寸法の点をとり、そこから奥行方向に延ばした線を利用すると、正確な位置をとることができます。

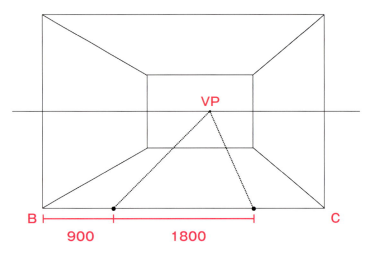

❷掃き出し窓の幅を決める

上記①で結んだ線と奥の床面との交点から奥の天井面まで垂直線を引きます。これで掃き出し窓の幅がとれました。

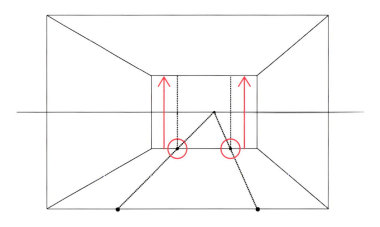

❸掃き出し窓の高さを決める

線CD上に窓の高さ（2000）の点をとります。その点とVPと結び、この線と奥の面との交点から左に水平線を引きます。これが掃き出し窓の高さの線になります。

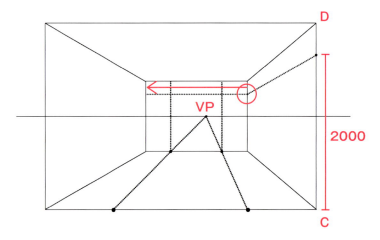

❹掃き出し窓を確定する

掃き出し窓の幅の線と高さの線に囲まれた部分が窓枠の線になります。囲んだ四角形に対角線を引き、その交点を通る垂直線を引いて引き違いの線とします。これで掃き出し窓が完成です。

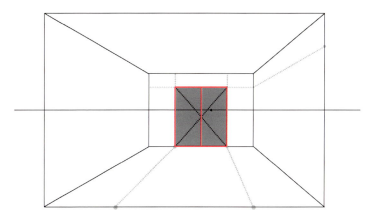

Step 3 扉を描く

❶扉の高さを決める

左壁面に扉を作ります。線 AB 上に扉の高さ（2000）の点をとり、VP と結びます。

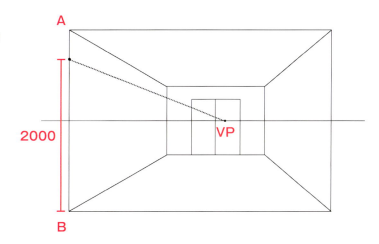

❷扉の幅を決める

線 AD 上に扉の幅（900）をとり、測点と結びます。A の奥行き線との交点から B の奥行き線まで垂直線を下ろします。

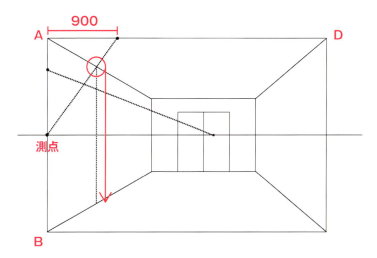

インテリアパースの描き方　023

❸扉を確定する

扉の幅の線と高さの線に囲まれた部分が扉の枠線になります。これで扉が完成です。

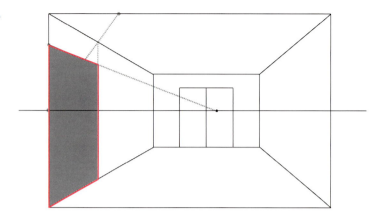

Step 4 腰窓を描く

❶腰窓の高さを決める

線CD上に腰窓の床からの高さ（900）と腰窓の高さ（1100）の点をとります。それぞれの点とVPと結びます。

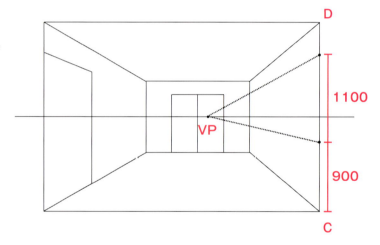

❷腰窓の幅を決める

線AD上に点Aから腰窓までの距離（1500）と、腰窓の幅（1200）の点をとり、それぞれの点と測点を結びます。その線とAの奥行き線との交点から右へ水平線を引き、Dの奥行き線との交点を求めます。

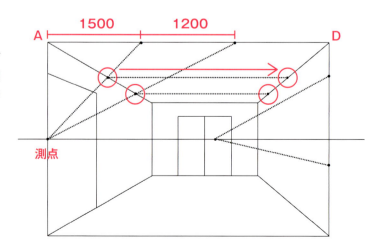

❸腰窓の枠を確定する

②で求めたDの奥行き線の交点から垂直線を下ろします。腰窓の高さの線と囲まれた部分が腰窓の枠になります。

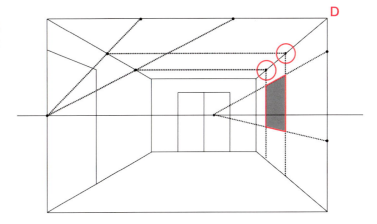

❹引き違い部分を描く

窓枠となる四角形に対角線を引きます。その交点を通る垂直線を描いて、引き違い部分とします。

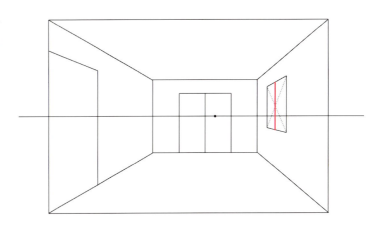

Step 5 テーブルを描く

❶テーブルの位置を決める1

線BC上に点Bからテーブルまでの距離（1200）と、テーブルの横幅（1200）の点をとり、それぞれの点とVPを結びます。

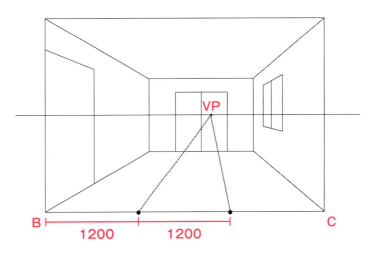

インテリアパースの描き方 | 025

❷ テーブルの位置を決める 2

線 AD 上に点 A からテーブルまでの奥行き距離（1500）と、テーブルの縦幅（600）の点をとり、それぞれの点と測点を結びます。その線と A の奥行き線との交点から垂直線を下ろし、B の奥行き線との交点を求めます。

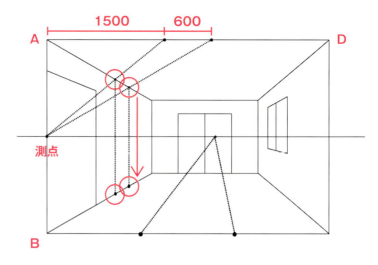

❸ テーブルの位置を決める 3

❷で求めた B の奥行き線の交点から右へ水平線を引きます。❶で VP と結んだ線と囲まれた部分がテーブルの位置になります。

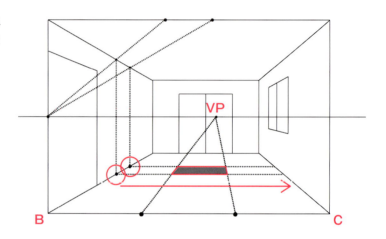

❹ テーブルの高さを決める 1

線 AB 上に点 B からテーブルの高さ（700）の点をとり、VP と結びます。この線と❷で左壁面に補助線として描いた垂直線（2 本）との交点を求めます。

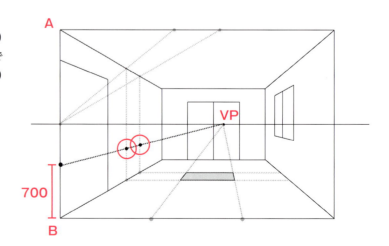

CHAPTER 2

❺テーブルの高さを決める 2

④で求めた交点から、それぞれ右へ水平線を引きます。これがテーブルの高さ（天板の位置）の線になります。

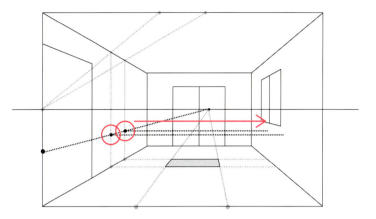

❻テーブルの脚部分を描く

③で確定したテーブルの位置のそれぞれの頂点（4つ）から、⑤で描いた水平線まで垂直線を伸ばします。これがテーブルの脚部分になります。

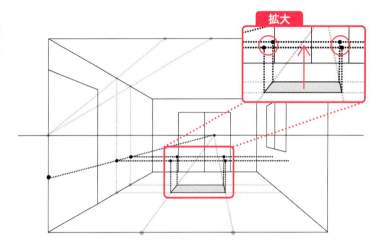

❼箱型のテーブルを描く

天板と脚の部分を線でつなぐと、箱型のテーブルが完成です。

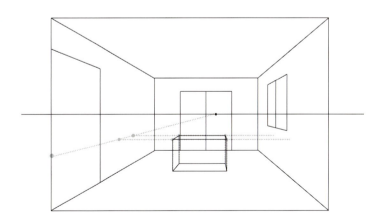

CHAPTER 2
02 インテリアパースの下描き
― 応用 ―

> **基本原則**
> - 図面から幅・奥行き・高さの寸法を正確に読み取る
> - 要素が増えると補助線が込み合うため、線の扱いに注意する
> - 家具は手前にあるものから描いていく

ここで描くパースの図面

　基本と同じく、平面図と展開図を用意します。ここではダイニングキッチンを例にするため、間口を広くとったパースとなります。棚やテーブル、椅子などの家具も増えるため、それぞれの位置がわかるような寸法が入っているかを図面で確認してください。

平面図

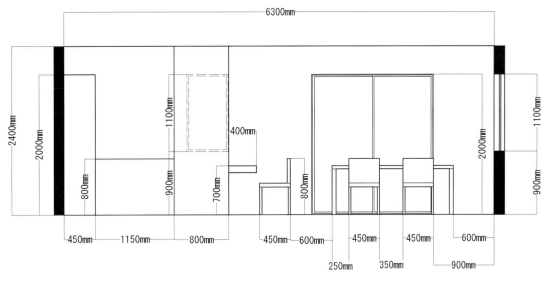

A 展開図

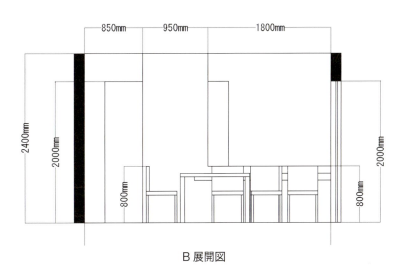

B 展開図

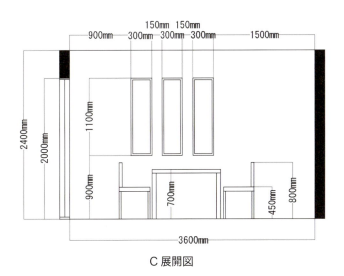

C 展開図

制作手順

以下の Step の順で図の下描きを描いていきます。まず大枠をとらえ、ひとつずつ起こしていく物に神経を集中してください。基本より描く要素が多く、補助的な線がかなり増えますので、混乱しないように最初は薄く描いていくのもいいでしょう。こちらも 1/20 のスケールで描き、1 消点パースを用います。

完成図

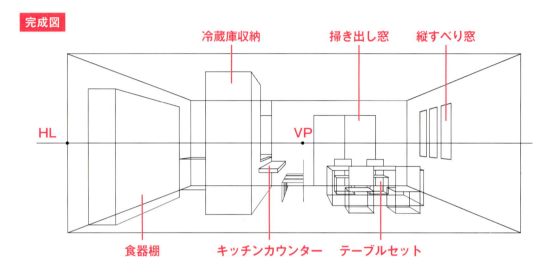

Step 1 壁・床・天井を描く

HL と VP を決めます。HL = 1200 とし、ここではキッチンカウンターを見せたいので、やや右に VP をとります。VP と間口の各頂点を結んで壁・床・天井の線とします。

Step 2 縦すべり窓を描く

縦すべり窓の位置、幅、高さを図面の寸法から読み取り、右壁面に描きます。縦すべり窓は 3 つあるため、幅や位置を取るための補助線が多くなります。窓の形状を正確に読み取ってください。

Step 3 掃き出し窓を描く

掃き出し窓の位置、幅、高さを図面の寸法から読み取り、一番奥の面に描きます。この描き方は基本と同じです。

Step 4 収納家具（棚）を描く

床で家具の位置をおさえて、その形を家具の高さまで垂直に伸ばすイメージで描きます。水平方向と奥行方向の寸法が必要です。

Step 5 テーブルセットを描く

位置と高さを決める方法は収納家具と同じです。テーブルセットはかなり補助線が込み合うので、形作る線を見極めるようにしてください。基本と同様に下描きでは箱型で形を作ります。

Step 6 カウンター周りを描く

キッチンカウンターとカウンターに配置した椅子を描きます。天板など比較的細かいものを描くため、線の重なりなどに十分注意してください。

Step 1 壁・床・天井を描く

❶ 間口をとる

パースの正面となる間口（6300×2400）を四角形でとります。FL から 1200 の高さに HL とする水平線を引きます。

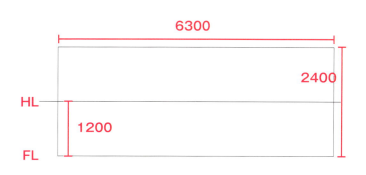

memo

基本と同じく、1/20 スケールのため、実寸では 6300 = 315㎜、2400 = 120㎜で描いていきます。また、基本では先に HL を描きましたが、間口が広い場合、先に間口を描いたほうがバランスがとりやすくなります。

❷ VP と測点を決める

間口の 4 つの頂点を A、B、C、D とします。HL 上に VP を決め、VP から遠いほうの線 AB と HL との交点を測点（P.21）とします。

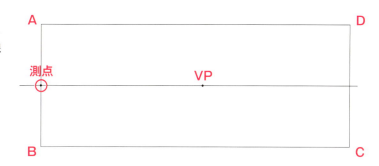

❸ 奥行きを求める

A、B、C、D をそれぞれ VP と結び、奥行き線を作ります。線 AD 上にこの部屋の奥行き寸法（3600）となる点をとり、その点と測点を結びます。

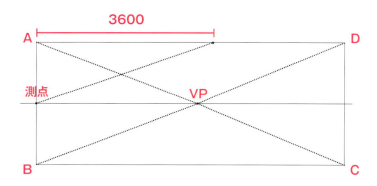

❹壁・床・天井をつくる

Aの奥行き線と③で結んだ線との交点からBの奥行き線まで垂直線を引き、各奥行き線へ水平・垂直に線を引いていきます。一番奥の奥行き面が決まると同時に壁・床・天井の線も確定します。

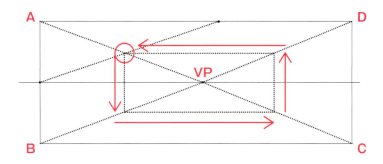

Step 2 縦すべり窓を描く

❶窓の高さを決める

線CD上に床から窓下まで距離（900）と、窓の高さ（1100）の点をとり、VPと結びます。これで窓の高さが決まります。

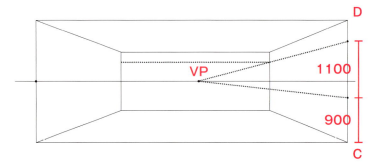

❷窓の奥行寸法をとる

縦すべり窓は3つあります。線AD上にそれぞれの位置（手前壁より1500と各窓間150）と幅（300）となる点をとり、それぞれ測点と結びます。

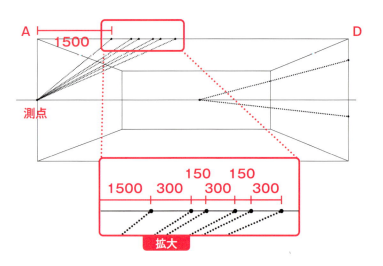

032 | CHAPTER 2

❸縦すべり窓を確定する

②で測点と結んだ線とAの奥行き線の交点からDの奥行き線までそれぞれ水平線を引き、Dの奥行き線との交点から垂直線を下ろします。この垂直線と①でVPと結んだ線で囲まれた部分が縦すべり窓になります。

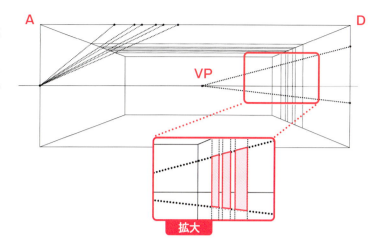

Step 3 掃き出し窓を描く

❶掃き出し窓の位置を決める

掃き出し窓は縦すべり窓上部と同じ高さのため、縦すべり窓の高さの線を利用します。縦すべり窓の高さの線と奥の面の交点から左へ水平線を引くと、高さの線になります。次に線BC上に点Cから掃き出し窓の位置（900）と幅（1800）の点をとり、それぞれVPと結びます。

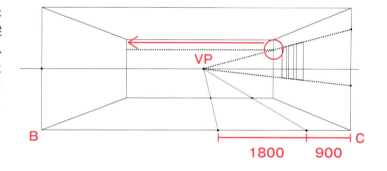

❷掃き出し窓を確定する

①でVPと結んだ線と奥の面との交点からそれぞれ上へ垂直線を伸ばします。これらの線と①で決めた高さの線に囲まれた部分が掃き出し窓になります。

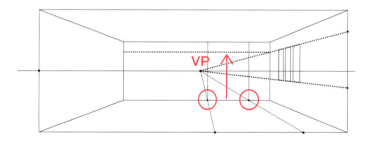

❸引き違い部分を描く

窓枠を囲んで対角線を引き、その交点を通る垂直線を描いて、引き違い部分とします。

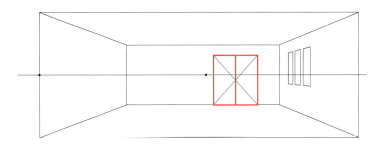

Step 4 収納家具（棚）を描く

❶家具の水平方向の位置をとる

まず、すべての家具の水平方向の位置となる点を線BC上にとり、その点とVPをそれぞれ結びます。

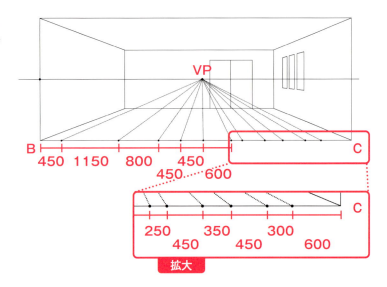

❷食器棚の位置を決める

線AD上に食器棚の奥行き位置（300）と幅（1800）の点をとり、それぞれ測点と結びます。Aの奥行き線との交点から垂直線を下ろし、Bの奥行き線との交点から①でとった食器棚の水平位置の線まで水平線を引きます。これで食器棚の底面位置が決まります。この交点から上に垂直線（S2、S3）を伸ばしておきます。

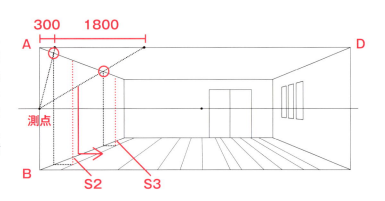

❸食器棚を確定する

線 AB 上に棚の高さ（2000）の点をとり、VP と結びます。この線と線 S1 との交点から線 S2 まで水平線を引き、その端点と VP を結びます。これらの線と②でとった線で囲まれた図の部分が食器棚になります。

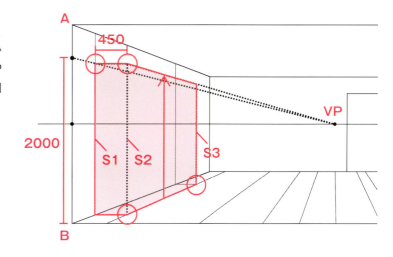

❹冷蔵庫収納の位置を決める

線 AD 上に冷蔵庫収納の奥行き位置（850）と幅（950）の点をとり、それぞれ測点と結びます。この線と A の奥行き線との交点から B の奥行き線まで垂直線を下ろし、①でとった冷蔵庫収納の水平位置まで水平線を引くと、冷蔵庫収納の底面位置が決まります。また、850 の点と測点を結んだ線と A の奥行き線との交点から D の奥行き線まで水平線を引いておきます。

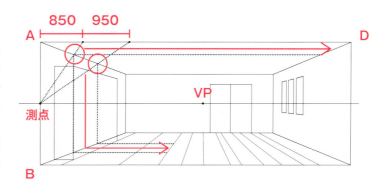

❺冷蔵庫収納を確定する

冷蔵庫収納底面の手前の 2 点（R1、R2）から④で引いた天井の水平線まで垂直線を引くと、冷蔵庫収納の手前の面が確定します。手前面の右の垂直線と天井の水平線との交点を VP と結び、底面の右奥の点（R3）からこの線まで垂直線を伸ばすと、冷蔵庫収納が決まります。また、①で引いた冷蔵庫収納の水平位置の線と奥の面の交点からも VP への線まで垂直線を引いておきます。この垂直線はカウンターを描くときに必要になります。

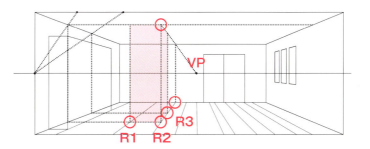

Step 5 テーブルセットを描く

❶テーブルセットの位置を決める

線 AD 上にテーブルセット（机と椅子）の奥行き位置の点をとり、それぞれ測点と結びます。これらの線と A の奥行き線との交点から B の奥行き線まで垂直線を引き、その交点から C の奥行き線まで水平線を引きます。

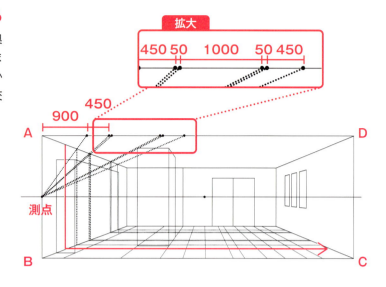

❷テーブルセットの底面を確定する

①で引いた水平線と、P.34 の①で引いた水平位置の線から、テーブルと各椅子の底面を割り出して囲みます。

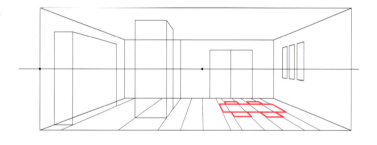

❸テーブルセットの高さを決める

線 CD 上に椅子の座面までの高さ（450）、座面からのテーブルトップまでの高さ（250 ＝ 700 － 450）、テーブルトップから背もたれ一番上までの高さ（100 ＝ 800 － 700）の点をとり、それぞれ VP と結びます。テーブルと手前の椅子 2 脚の底面からこの線を超えるあたりまで、垂直線を伸ばします。

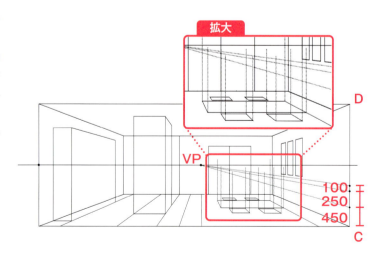

❹背もたれと座面を描く1

手前右の椅子底面の点C1からCの奥行き線まで水平線を引きます。その線とCの奥行き線の交点から上へ垂直線を引きます。③でVPへ伸ばした線との交点が座面と背もたれの高さになります。

> **memo**
> 壁面から離れて配置されている家具は底面の線を壁面まで伸ばし、VP方向の線との交点から高さを割り出します。このとき伸ばす底面の線は、一番手前にある線を使います。

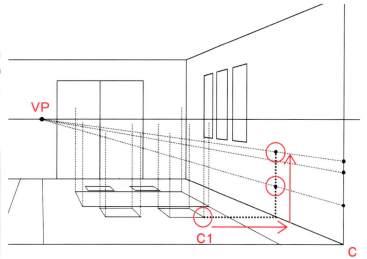

❺背もたれと座面を描く2

④で求めた高さの点（2つ）から左へ水平線を引き、③で引いた椅子底面からの垂直線との交点（8つ）を求めます。この交点をそれぞれVPと結びます。

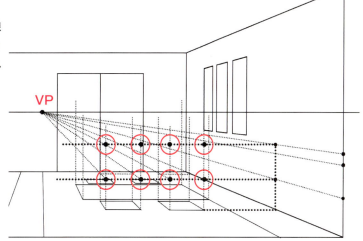

❻椅子の形を箱状で確定する

⑤で求めた交点と、VPに結んだ線、椅子底面からの垂直線から椅子の形を割り出し、箱状で確定します。

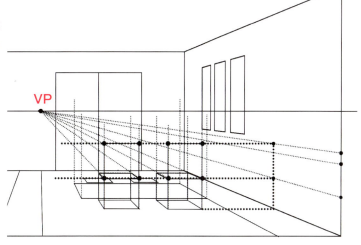

❼ テーブルを描く

テーブル底面手前の水平線を③でとったテーブルトップの高さ（700 = 450 + 250）のVP線まで延長し、その交点から左へ水平線を引きます。③で引いたテーブル底面からの垂直線との交点（4つ）をそれぞれVPと結び、その交点を囲んでテーブルの形を箱状で確定します。

> **memo**
> テーブル右奥の脚は手前の椅子で隠れるため、ここでは描きません。

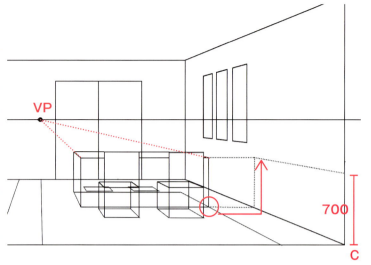

❽ 奥の椅子を描く

同様にして奥の2つの椅子を描きます。奥の椅子は③で底面からの垂直線を引いていないので、その部分も忘れずに作図してください。

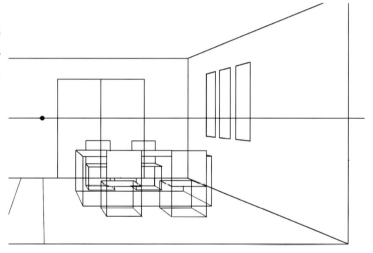

Step 6 カウンター周りを描く

❶ カウンターの椅子の位置をとる

線AD上にカウンターの椅子の奥行き位置をとり、測点と結びます。これらの線とAの奥行き線の交点からBの奥行き線まで垂直線、そこからP.34①でとったカウンター椅子の水平位置まで水平線を引きます。これで椅子の底面が決まります。

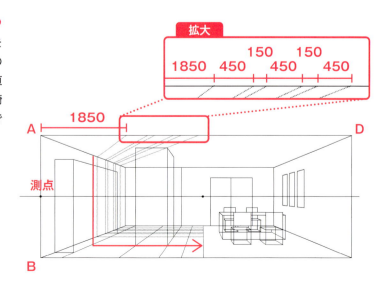

❷カウンターの椅子の高さをとる

椅子底面の頂点からそれぞれ垂直線を上に伸ばしておきます。線 AB 上に背もたれ（800）と座面の高さ（450）の点をとり、その点をVP と結んだ線と①で壁面に引いた垂直線との交点を求めます。その交点から水平線を伸ばし、椅子底面から伸ばした垂直線との交点を求めます。その交点と VP を結んだ線で各椅子の高さ位置が決まります。

> **memo**
> カウンターの椅子はテーブルセットの椅子と同じ寸法です。

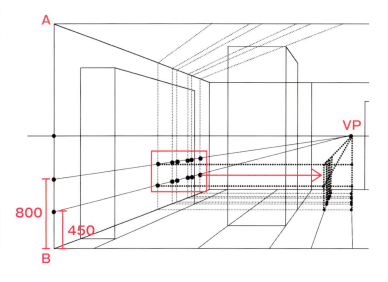

❸カウンター椅子を確定する

椅子の脚、座面、背もたれの位置をとり、カウンター椅子が確定します。

> **memo**
> かなり線が込み合いますので、まちがえないように注意してください。この例では、各椅子の背もたれの線がほぼ重なってしまいますので、1本で表現してもかまいません。

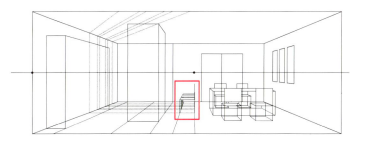

❹カウンターの位置をとる

線 AD 上にカウンターの奥行き位置（1600）の点をとり、測点と結びます。この線と A の奥行き線の交点から B の奥行き線まで垂直線を引き、そこから線 BC 上にとったカウンター天端の水平位置（2800）の点と VP を結んだ線まで水平線を引きます。また、カウンター天端の水平位置の線と奥の面との交点から上へ垂直線を引いておきます。

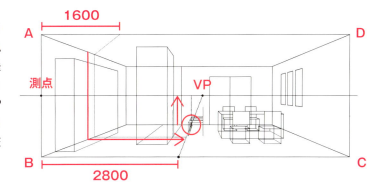

インテリアパースの描き方 | 039

❺カウンターの高さを決める

線 AB 上にキッチン（800）とカウンター（700）の高さの点をとり、VP と結びます。この線と奥の面左の線との交点から、④で描いた奥の面の垂直線まで水平線を引きます。

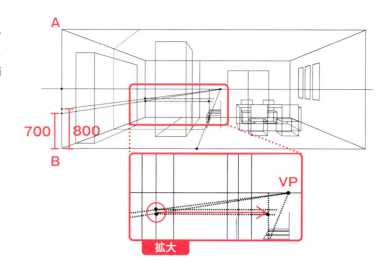

❻カウンターの取付位置を決める

⑤で引いた水平線と、P.35 ⑤で奥の面に引いた垂直線の交点を、それぞれ VP に結びます。それぞれの線を冷蔵庫収納の線まで延長すると、カウンター部の上端と天板の取付位置が決まります。

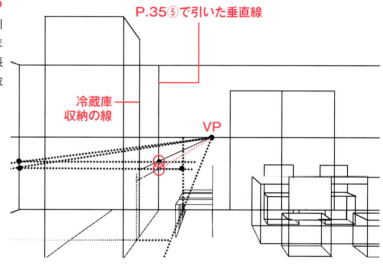

❼キッチンを仕上げる

④で奥の面に引いた垂直線と、カウンターの高さ線の交点を元にカウンターを描きます（memo）。厚みは指定がないので任意でかまいません。続けて、線 AD 上にキッチンのコンロがある台の奥行方向の点（3000）をとって測点と結び、A の奥行き線との交点から垂直・水平に伸ばします。床面の冷蔵庫収納までの線がキッチンの底面の線になります。コンロの天板はキッチンの高さ線と奥の面左の線との交点を基点に、適当な厚みを付けます。

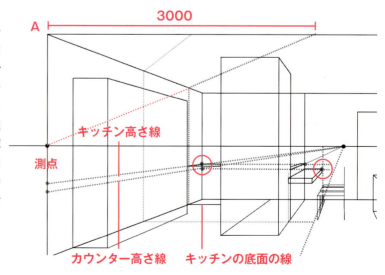

> **memo**
> カウンター手前の線は交点 K1 と VP を結んだ線になります。P.39 ④でとった 1600 の水平線と冷蔵庫収納の線の交点を通る垂直線がカウンター取付位置の一番手前になるため、点 K2 から右へ引いた水平線と囲まれた部分がカウンター天板になります。

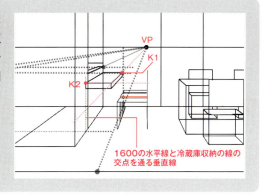

❽キッチンの窓を描く

奥の壁面にある縦すべり窓を描きます。上部の位置は掃き出し窓と同じため、高さをそのまま水平に持ってきます。窓の下の線は、線CD 上に床から窓までの高さ（900）の点をとり、P.33 ①と同じようにして線を引きます。

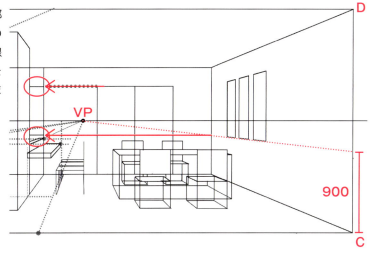

❾インテリアパースの完成

これで要素はすべて描けました。不要な線を消して、インテリアパースの完成です。

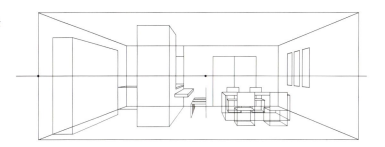

インテリアパースの描き方 | 041

CHAPTER 2
03 インテリアパースの鉛筆仕上げ

> **基本原則**
> - インテリアの点景は箱型をベースにして描く
> - 汚れ防止のため、手前のものから描いていく
> - 陰は線、影は塗りで表現する

インテリアパースでよく使われる点景の描き方

インテリアパースの点景では、椅子や観葉植物、照明がよく用いられます。これらの点景は箱型の形状からあたりを付けて描くと、バランスがとりやすいです。

椅子
椅子はさまざまな種類があるので、写真や実物を見ながら形状をよく把握しておきましょう。

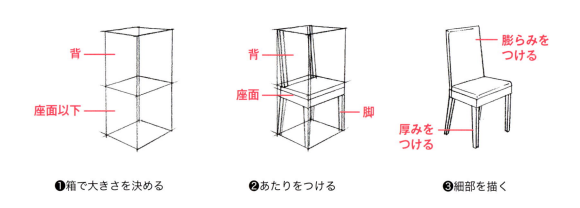

❶箱で大きさを決める　　❷あたりをつける　　❸細部を描く

照明器具
吊り下げの円形照明器具は、取付部と照明器具を箱型に描き、その2つを線でつなぐ形から始めます。

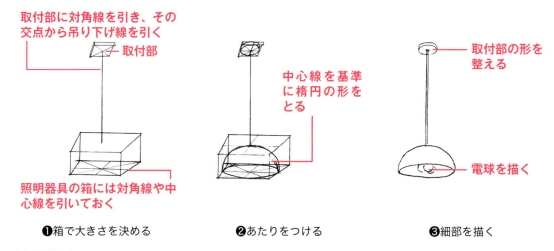

❶箱で大きさを決める　　❷あたりをつける　　❸細部を描く

観葉植物

観葉植物もさまざまな種類があるので、写真をみながら葉の形を描きます。枝に対して葉を均一に並べると平面的に見えてしまうため、重なり部分を作って描きましょう。

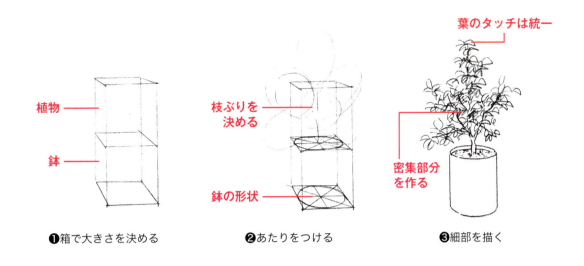

❶ 箱で大きさを決める　　❷ あたりをつける　　❸ 細部を描く

制作手順

　鉛筆パースはモノクロ仕上げのため、明暗のコントラストや線の強弱を意識して、単調にならないようにします。仕上げはここまで描いてきた下描きをコピーし、その上にトレーシングペーパーや美濃紙などの半透明の紙を重ね貼りして描きます。下描きで間口の線として使用した一番外枠の線や HL は、仕上げでは描きません。

完成図

Step 1 下描きを転写し、細部を追加
下描きの線を清書し、窓枠やカーテンボックス、照明など細部を追加します。

Step 2 点景・目地を描く
点景や家具、床のフローリング目地などを入れます。スケール感や線の方向に注意して描きます。

Step 3 陰影を描く
最後に陰影を入れます。影の方向に注意し、タッチの方向は面ごとに一定になるように入れます。

Step 1 下描きを転写し、細部を追加

❶点景の位置を決める

清書を描く前に点景（観葉植物、照明、額、小物など）の位置を決め、下描きにラフを描いておきます。この段階で幅木なども追加しておきましょう。

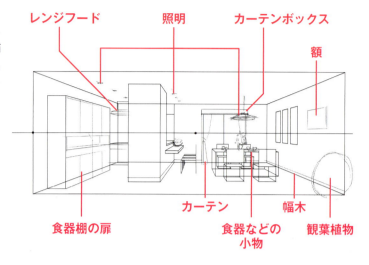

レンジフード　照明　カーテンボックス　額
食器棚の扉　カーテン　食器などの小物　幅木　観葉植物

❷手前の物から描く

清書用のトレーシングペーパーを下描きの上にのせ、手前のものから描き込みます。この例では一番手前にある観葉植物を描き、次に手前にある壁や棚などの線を写していきます。線は奥にいくほど細く描くのがコツです。

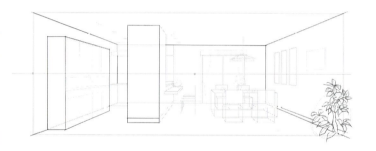

> **memo**
> 点景の観葉植物は後から描くことが多いのですが、この例では一番手前にあり、壁や床の線と重なるため、先に描きます。奥の物から描くと、手前の物と重なった部分を消す作業が頻繁に発生し、パースが汚れてしまうからです。

❸奥の線を描く

奥に配置された窓やキッチンカウンターなどを写し、窓枠や照明、カーテンボックスなどを追加します。

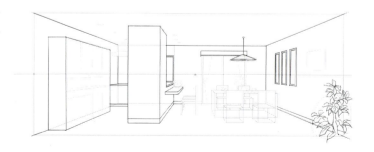

Step 2 点景・目地を描く

❶右半分の点景を仕上げる

右側のテーブルセット、掃き出し窓と枠、カーテン、額の点景を追加します。テーブルセットは箱型で描いたため、そのラインをベースに脚や天板、座面などを描き足します。

> **memo**
> テーブルセットやカーテンボックスなど硬い素材はシャープな線で、カーテンなどの柔らかい素材は少し太めの線で描きます。

❷左半分の点景を仕上げる

左側のキッチンカウンター周りの家具と点景（照明、棚の細部など）を追加します。レンジフードなどの壁や天井に接するものは納まりを再確認します。

> **memo**
> 家電や小物を描くときにも遠近感がまちがっていないか注意しましょう。小さな物は細部までこだわらず、そのパースに合った描き方でかまいません。

❸フローリングの目地を描く

手前の目地の線は太く強めに、奥の目地は細く弱めに描くと遠近感が出ます。フローリングの幅は手前を広く、奥に行くほど間隔を狭めていくように描きます。

Step 3 陰影を描く

❶陰を描く

陰（物体に帯びるかげ）は基本的に複数の線で表現します。同じ面には同じ方向の線をトーンをつけながら入れて、奥行き感を出します。床には家具の映り込みを入れます。

> **memo**
>
> 棚の床への映り込みは、角の部分から床へ垂直線を引き、その線に沿って入れると、パースがぼやけず存在感が増します。

角から床への垂線

❷影を描く

影（物体の作るかげ）は濃く塗って表現します。インテリアの場合は真上から光が当たっている前提で、家具の真下に影を入れます。最後に窓や食器棚のガラス面は濃淡を付けつつ、外の景色や収納物などを描き足します。パース全体を見て、線の強弱や陰影などを調整して完成です。

> **memo**
>
> 床に落ちた影は濃く描くと絵が全体的にまとまります。また、天井と壁、壁と床の入隅は線を濃く引くとパースが締まります。

第3章

外観パースの
描き方

CHAPTER 3
01 外観パースの下描き
―基本―

> **基本原則**
> - 外観は2消点パースが基本だが、片方のVPはたいてい用紙の外になる
> - 一番手前のコーナーの垂直線が基準線、最高高さの水平線が水平補助線になる
> - 側面側は奥行き補助線を使って、さまざまな位置をとる

ここで描くパースの図面

外観パースは一般的に、VP（消点）が2つある2消点パースで描きます。建物正面の左側、もしくは右側のコーナーを基準にして、少し斜めから見た形になります。したがって必要な図面は、平面図と正面方向の立面図、見せたい側面側の立面図の3つです。ここでは左のコーナーを基準とするため、左側の側面図を用意します。

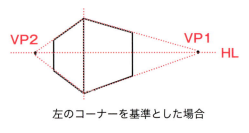

左のコーナーを基準とした場合

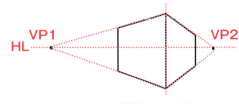

右のコーナーを基準とした場合

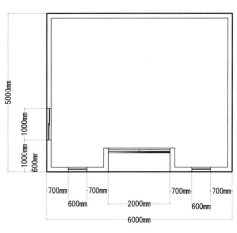

平面図

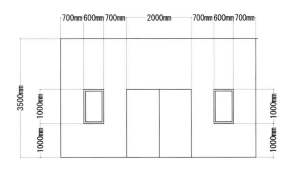

立面図（正面）

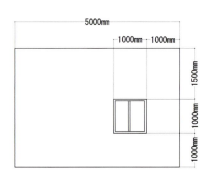

立面図（左側面）

制作手順

　外観パースは建物の大きさによってパースのスケールが変わります。この例で想定しているような平屋の小さな建物なら 1/30 のスケールが適当でしょう。外観パースは 2 消点となるため VP が 2 つ必要ですが、たいていどちらかの VP、または VP が 2 つとも用紙の外にはみ出してしまいます。本書では側面の VP を用紙内に設定して描きますが、正面の VP は用紙に収まりません。このようなときは、建物の水平方向の線を延長すると VP につながることを利用し、正面壁上部の線の傾きを基準にして描いていきます。

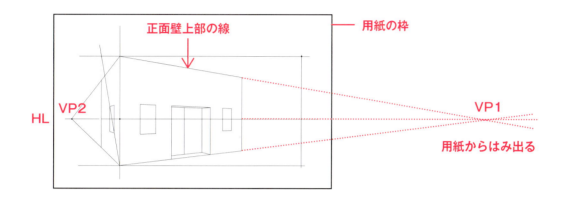

　また、一番手前のコーナーになる左または右の垂直線を「基準線」とし、基準線と HL の交点を「CP（センターポイント）」とします。CP は図法上で他の意味を持つこともありますが、本書ではインテリア下描きで使った「測点」と同じように、正面側の各部位（建具・階高の目地など）の位置を決めるときに使用します。測点と同じ用途ですが、2 消点パースでは「CP」と呼びます。

完成図

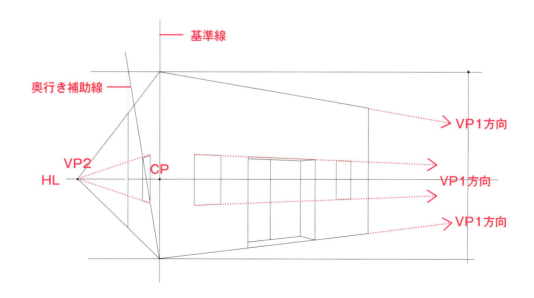

Step 1 正面の外壁を描く

HL=1500、スケールは 1/30 とし、正面外壁の外形線を描きます。壁の上下は VP1 方向に向かいます。

↓

 Step 2 側面の外壁を描く

VP2 を決め、側面の外壁を作成します。奥行きを求めるための奥行き補助線を作図します。

↓

 Step 3 正面の開口部を描く

正面側の開口部（窓と入口）を作成します。開口部上下のラインも VP1 へ向かいます。

↓

 Step 4 側面の窓を描く

側面の窓は VP2 方向の線と奥行き補助線を使って描きます。

↓

Step 5 入口の凹みを描く

正面入口の凹みを描きます。立体感を出すために補助線を多用するので、どの方向の線かを見極めて描きましょう。

Step 1 正面の外壁を描く

❶高さ方向の基準線を引く

中心よりやや下に HL となる水平線、左側に基準線となる垂直線を引きます。基準線上に HL から下へ 1500 の点をとり、その点を通る水平線（GL= 地面）を引きます。次に基準線上に GL から上へ建物高さ 3500 の点をとり、その点を通る水平線を引きます。

> **memo**
> 2 消点パースでは、建物高さの水平線は各部位の位置を決める補助線として使用するため「水平補助線」といいます。

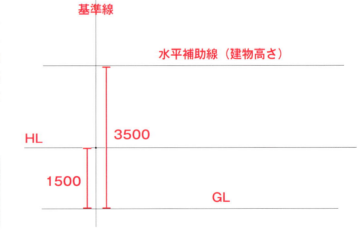

❷正面外壁の傾きを決める

水平補助線上に基準線との交点 A から建物幅 6000 の点 D をとり、その点を通る垂直線を下へ引きます。これで間口の線が描けました。点 A から正面外壁上部の線を任意の角度で引きます。

> **memo**
> 迫力をつけたければ、ややきつめに角度をつけます。この線と HL の交点が VP1 になります。

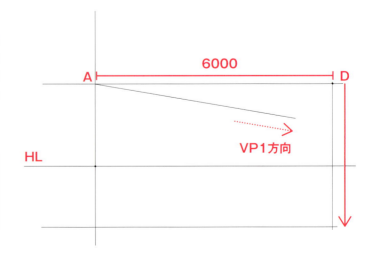

❸正面外壁右側の線を描く 1

点 D と、基準線と HL の交点 CP（P.49）を線で結び、②で描いた正面外壁上部の線との交点から垂直線を下ろします。この線が正面外壁右側の線になります。

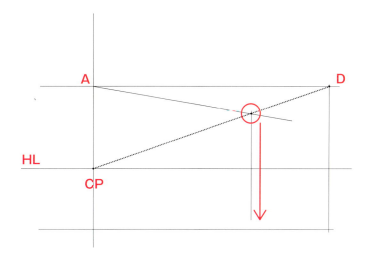

❹正面外壁右側の線を描く 2

CP と間口右下の点 C を線で結び、先ほどの垂直線との交点を求めます。これで正面外壁右側の高さが決まりました。

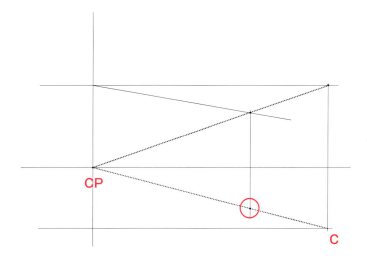

❺正面外壁の外形線を確定する

④で求めた交点と、基準線と GL の交点 B を線で結びます。これが正面外壁下部（正面壁の GL）の線になり、正面外壁の外形線が決まりました。

> **memo**
> この正面外壁下部の線も VP1 へ向かっています。

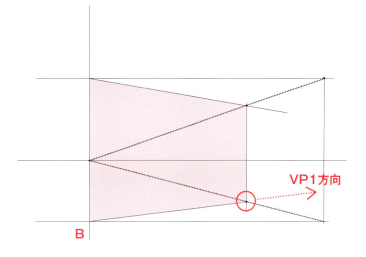

Step 2 側面の外壁を描く

❶ VP2を決める

基準線から左側のHL上に、VP2を任意に決めます。点Aと点BをそれぞれVP2と結びます。

> **memo**
> 迫力をつけたければ、少し基準線寄りにVP2を配置します。正面のVP1方向とのバランスを見ながら決めてください。

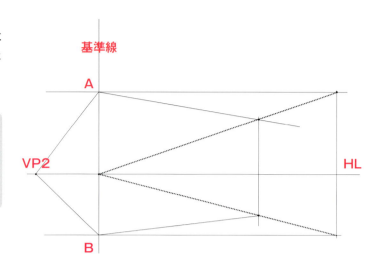

❷ 奥行き補助線を描く

基準線上に点Bから上へこの建物の奥行き長さ5000の点を求め、その点とVP2を結びます。左側面の奥の壁線となる任意の線を基準線と平行に引き、この線と、5000の点とVP2を結んだ線の交点から点Bに線を引きます。この線が奥行き補助線となります。

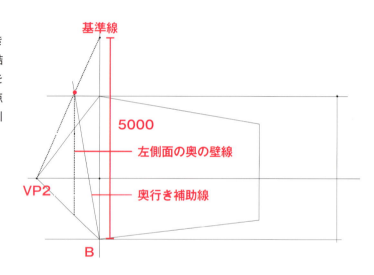

> **memo**
> 奥行き補助線は、側面側に描く建具などの奥行き位置を求めるために使用します。
> この線は、正方形では頂点から辺上の任意の点までの長さAが、その点から対角線までの長さに等しくなる（図1）という法則を応用して使います。
> パースの側面は上下の辺がVPに向かっているため、見た目が斜めに見えますが、実際は平行です。ここに、奥の辺として任意の垂直線を引き、囲まれた部分を正方形とみなします。これにより、手前の辺上にとった点までの長さAは、その点からVP方向へ伸ばした線と対角線の交点までの長さに等しいことになり（図2）、建具などの奥行き位置を決められるのです。この対角線を奥行き補助線としています。

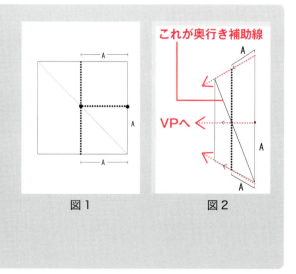

図1　　　図2

CHAPTER 3

Step 3 正面の開口部を描く

❶ 正面窓の高さ位置をとる

基準線上に正面壁の窓のGLからの位置1000の点と、そこから窓の高さ1000の点をとります。それぞれの点から線CDまで水平線を引き、その交点を求めます。

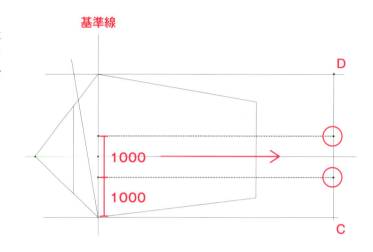

❷ 正面窓の高さを確定する

①で求めた交点とCPをそれぞれ結び、正面壁右側の線との交点を求めます。上の交点と基準線上にとった窓の高さ1000の点、下の交点とGLからの位置1000の点をそれぞれ結ぶと、正面窓の高さ位置が確定します。

> **memo**
>
> この正面窓の高さ位置の線もVP1へ向かっています。なお、正面入口の開口高さはGLから2000㎜のため、入口上部の位置もこの窓上部の高さ線上になります。

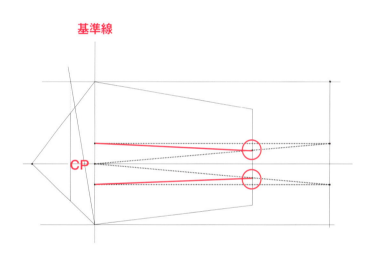

❸ 正面開口部の幅をとる

水平補助線（線AD）上に開口部の水平位置の点をとります。その点をそれぞれCPと結び、正面壁上部の線との交点（6つ）を求めます。

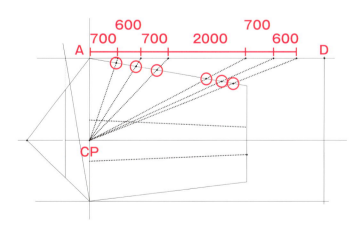

外観パースの描き方 | 053

❹正面開口部の位置を確定する

③で求めた交点からそれぞれ正面壁下部の線まで垂直線を引きます。図面から正面窓（2つ）と入口の開口部分の位置を割り出し、囲みます。

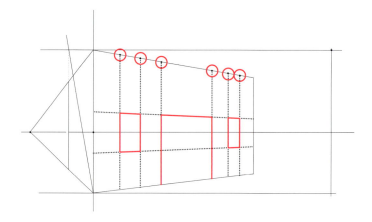

Step 4 側面の窓を描く

❶測面窓の高さ位置をとる

基準線上に測面壁にある窓の GL からの位置 1000 の点と、そこから窓の高さ 1000 の点をとります。それぞれの点を VP2 と結びます。

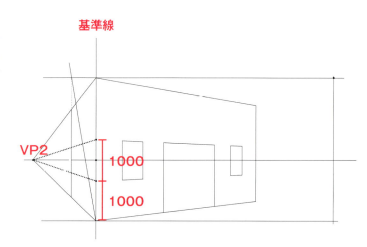

❷測面窓の奥行き位置をとる

基準線上に奥行き位置 1000、窓の幅 1000 の点をとり、VP2 と結びます（ここでは①と同じ線になるため、その線を再利用します）。VP2 と結んだ線と奥行き補助線との交点（2つ）を求め、その点を通る垂直線を引きます。これで囲まれた部分が側面窓になります。

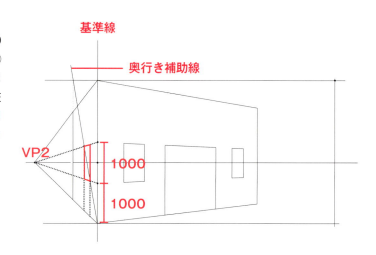

Step 5 入口の凹みを描く

❶凹み部分と高さをとる

入口の凹み部分 600 の点と入口高さ 2000 の点を基準線上にとり、それぞれの点を VP2 に結びます。600 の点から VP2 への線と奥行き補助線の交点を通る垂直線を引きます。

> **memo**
> 垂直線は 2000 の点から VP2 へ引いた線を超えるあたりまで引いてください。

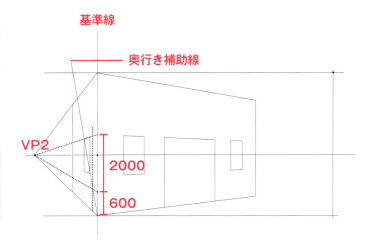

❷凹みの奥行き部分を求める 1

入口四隅の点と VP2 を結びます。

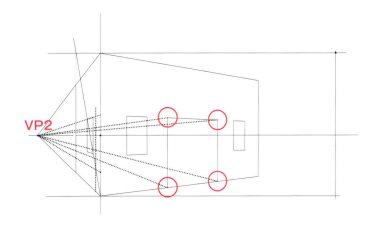

❸凹みの奥行き部分を求める 2

①で引いた垂直線と、高さ 2000 の点と VP2 を結んだ線の交点 E から VP1 方向に線を引きます。この線と、入口上部の隅（2 カ所）と VP2 を結んだ線の交点を求めます。

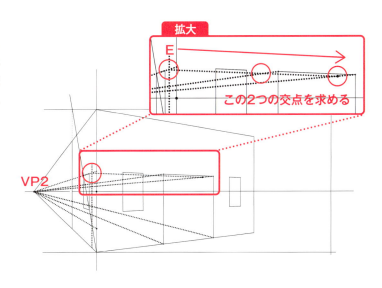

外観パースの描き方 | 055

❹凹みの奥行き部分を求める3

①で引いた垂直線と側面壁のGL線との交点FからVP1方向に線を引きます。この線と、入口下部の隅（2カ所）とVP2を結んだ線の交点を求めます。この交点と、③で求めた2つの交点と結べば、凹んだ部分の面ができます。

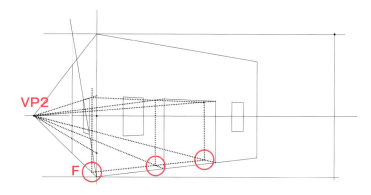

❺扉を描く

④で作成した凹んだ面に対角線を引き、その交点を通る垂直線を引くと、扉の中心線ができます。

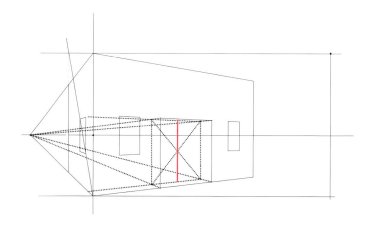

❻入口を確定する

壁で隠れる部分以外の線を確定すると、凹んだ入口ができます。これで基本の外観パースが完成です。

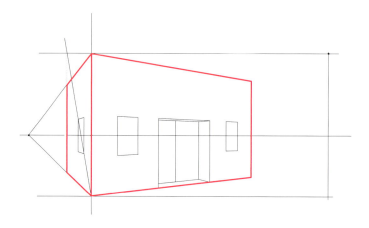

CHAPTER 3
02 外観パースの下描き
―応用―

基本原則
- ビルやマンションの場合は、各階ごとのガイドラインを作成する
- 飛び出しや凹み部分があれば、図面で位置や寸法をよく確認しておく
- 要素が増えると補助線が大量になるため、位置取りに注意する

ここで描くパースの図面

　ここでは4階建てのオフィスビルを描きます。オフィスビルやマンションの場合、1階はエントランス（共同玄関）があり、2階以上とは間取りが異なっているケースが多いため、平面図は1階と基準階（2階以上）の2つを用意します。ここでは右のコーナーを基準とするため、側面図は右側のものを用意します。

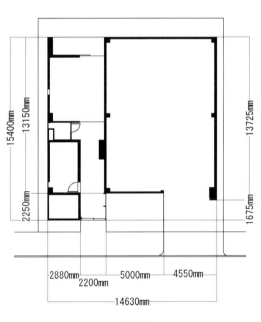
1F 平面図

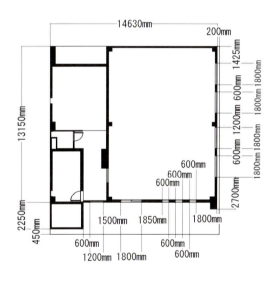
基準階平面図

外観パースの描き方　057

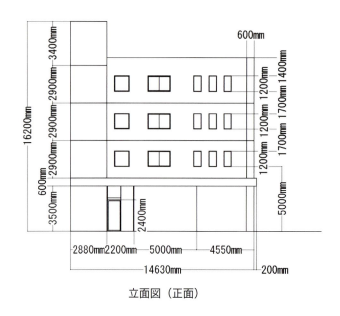

立面図（正面）

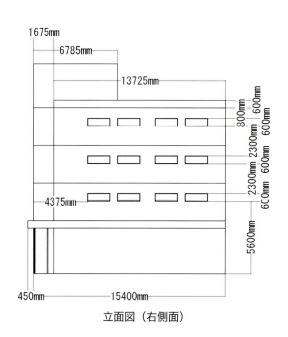

立面図（右側面）

制作手順

　前節の基本と比べて建物の規模が大きくなるため、パースのスケールは 1/60 で描きます。この外観パースも 2 消点パースです。ここでは右側のコーナーを基準線として描くため、左側の VP が用紙の外にはみ出します。ここも基本と同様に、正面壁上部の線の傾きを用紙外にある VP 方向として描いていきます。

　要素が多く、補助線がかなり煩雑になるので、補助線を薄めに描いたり色を変えるなどの工夫をしてください。最終的に本体の線をサインペンなどで清書してもいいでしょう。

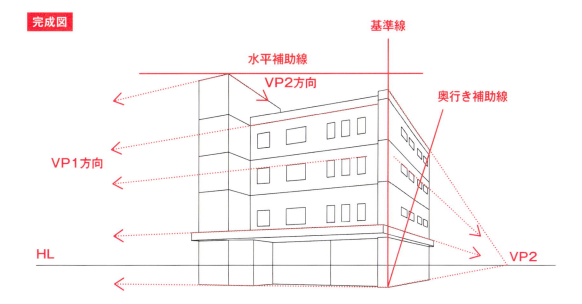

 Step 1 建物概形を描く

HLと基準線を決め、建物の概形となる立方体を描き、奥行き補助線を作図します。

⬇

 Step 2 正面のガイドラインを描く

正面側の階高や窓の位置を決めるためのガイドラインを描きます。

⬇

Step 3 階段室と階高の線を描く

正面側の壁を凹ませて階段室部分を作ります。各階の高さ寸法とガイドラインを使い、階高の線(目地)を確定していきます。最後に屋上階段室の形をとります。

⬇

 Step 4 窓を描く

正面側の窓と側面側の窓を基準線と各補助線を利用して描きます。かなり線が込み合うので、位置取りをまちがえないように注意しましょう。

⬇

 Step 5 1階の開口部を描く

1階の開口部となる玄関と駐車場出入口の位置をとり、玄関の壁を階段室と同じ位置まで突き出します。

⬇

 Step 6 意匠壁と庇を描く

最後に庇や飛び出た意匠壁の部分を描きます。この場合も作図しようとしているものが図面上のどこにあって、どちらに出ているかをよく見て理解しながら描きます。

Step 1 建物概形を描く

❶高さ方向の基準となる線を引く

中心よりやや下にHLとなる水平線を、右側に基準線となる垂直線を引きます。基準線上にHLから下に1500の点をとり、その点を通る水平線（GL）を引きます。さらに基準線上にGLから建物最高高さ16200の点をとり、その点を通る水平線（水平補助線）を引きます。

> **memo**
> ここでとる建物最高高さは階段室の一番上の高さで、正面外壁の高さではありません。

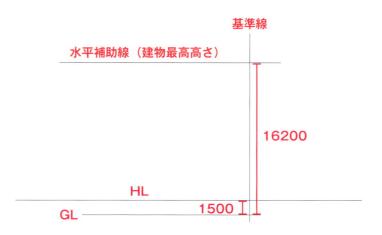

❷間口を描く

水平補助線上に基準線との交点Aから左に建物幅14630の点Dをとり、その点を通る垂直線をGLまで引きます。これで間口の線が描けました。

> **memo**
> この建物幅は庇の出幅を含んでいません。

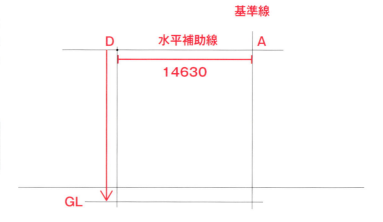

❸正面外壁の傾きを決める

点Aから正面外壁の傾きとなる上部の線を任意に引きます。この線の傾きがVP1方向になります。

> **memo**
> 迫力をつけたければ、ややきつめに角度をつけて下さい。

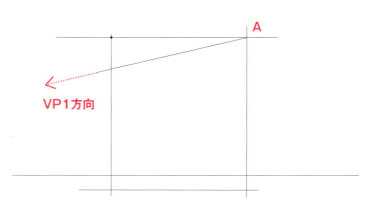

❹ 正面外壁のベース線を描く

間口の点 D と、HL と基準線の交点 CP を線で結び、③で描いた正面外壁上部の線との交点から下へ垂直線を引きます。間口の交点 C と CP を線で結び、先ほどの垂直線との交点と間口の交点 B を結びます。図の囲まれた部分が、正面外壁のベース線になります。

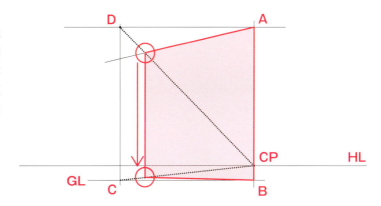

❺ VP2 を決める

側面側を作っていきます。基準線右側の HL 上に、VP1 方向とのバランスを見ながら VP2 を任意に決めます。基準線上の点 A と点 B から VP2 に線を引きます。

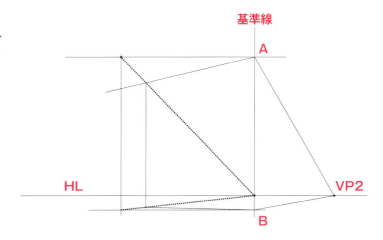

❻ 奥行き補助線を描く

基準線上に点 B から建物全体の奥行きとなる 15400 の点をとり、VP2 と結びます。右側面奥の壁線を任意に引き、この線と VP2 へ引いた線との交点を求め、点 B からその交点を通る線を描きます。この線が奥行き補助線になります。

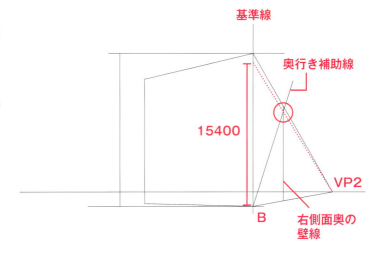

Step 2 正面のガイドラインを描く

❶水平方向に線を引く

基準線上に点Bから2000㎜ピッチで8つの点をとり、それぞれ左方向に水平線を引きます。

> **memo**
> これは建物の階数ごとの目地や窓を描くときの補助線になります。ピッチの幅は任意でかまいませんが、本書では2000とします。

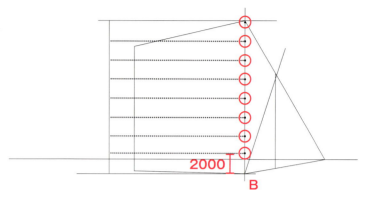

❷外壁との交点を求める

①の水平線と線DCとの交点からそれぞれCPに線を引き、その線と正面外壁ベースの左側の線との交点を求めます。

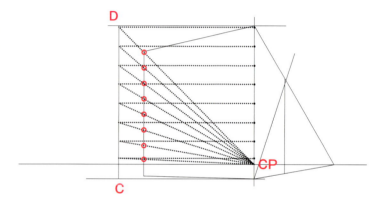

❸外壁の点と基準線の点を結ぶ

②で求めた交点と、①で基準線上にとった2000ピッチの点をそれぞれ結べば、正面のガイドラインが完成です。

> **memo**
> このガイドラインの左側はVP1方向に向かっています。

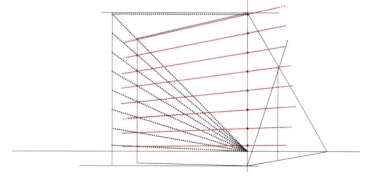

Step 3 階段室と階高の線を描く

❶階段室の幅を取る

水平補助線上の点 D から右に 2880 の点を
とり、CP と結びます。この線と正面外壁ベー
スの上部の線との交点から垂直線を下ろしま
す。これで階段室の正面幅が決まりました。

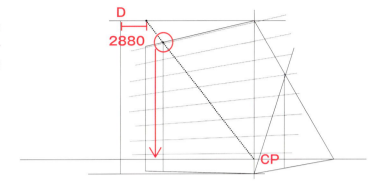

❷正面壁を凹ませる 1

階段室以外の正面の壁を奥へ凹ませます。基
準線上の点 B から上に階段室の出幅（側面）
2250 の点をとり、VP2 と結びます。この
線と奥行き補助線の交点を求めます。

> **memo**
>
> 建物全体の奥行きとして 15400 をと
> りましたが、これは階段室を含めた奥
> 行きのため、正面の壁は階段室の出幅
> 2250 分凹ませることになります。

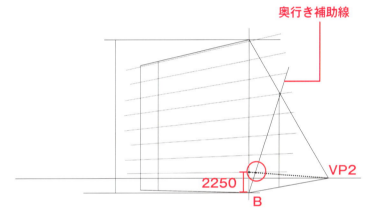

❸正面壁を凹ませる 2

❷で求めた交点を通る垂直線を引きます。そ
の垂直線と右側面外壁上部の線との交点か
ら、正面のガイドラインに平行に左側へ線を
引きます。これが凹んだ正面壁の線になりま
す。

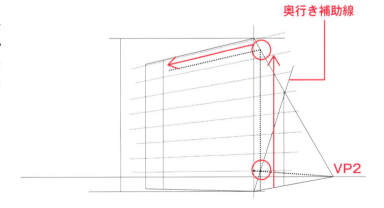

外観パースの描き方 | 063

❹階段室の側面を作る

①で描いた階段室幅の線と凹ませる前の正面外壁ベース上下の線との交点からそれぞれVP2へ線を引きます（線 VP2-a、VP2-b）。線 VP2-a と③で描いた凹ませた外壁上部の線との交点から、線 VP2-b まで垂直線を下ろします。これで階段室の側面が決まります。

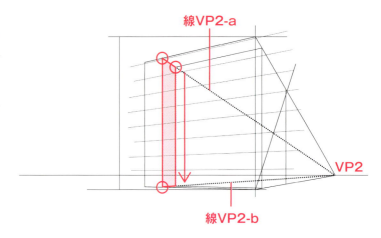

❺各階の高さをとる

基準線上に点 B から各階高さの点をとります。

> **memo**
> 各階高さのほか、庇やパラペットの高さの点もとります。

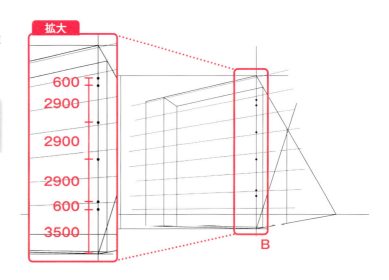

❻階段室の階高を決める1

基準線上にとった高さの点から、線 DC までそれぞれ左へ水平線を引きます。線 DC 上の交点をそれぞれ CP に結びます。

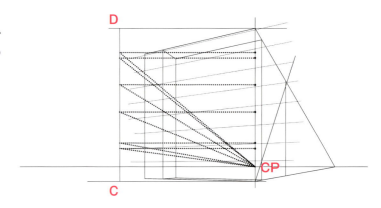

❼階段室の階高を決める 2

基準線上にとった各高さの点と、⑥で CP と結んだ線と階段室左の線の交点をそれぞれ結びます。これで階段室正面の階高が決まります。

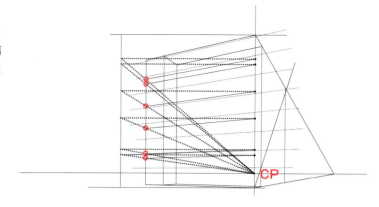

❽階段室の階高を決める 3

階段室正面の階高の線と階段室右の線の交点をそれぞれ VP2 と結びます。これで階段室側面の階高も決まります。

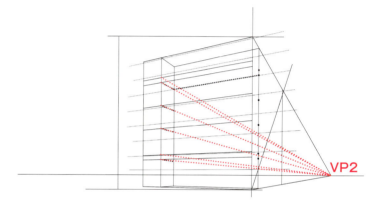

❾正面と側面の階高を決める 1

⑤で基準線上にとった各階高さの点と VP2 をそれぞれ結びます。これらの線と正面壁右の線との交点を求め、それぞれ階段室側面の階高の線とつなげます。

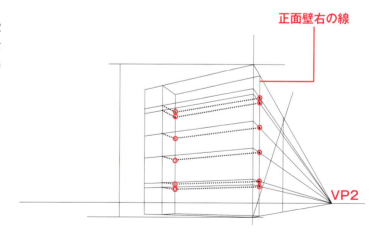

⑩正面と側面の階高を決める2

正面壁と側面壁の各階高さが決まりました。

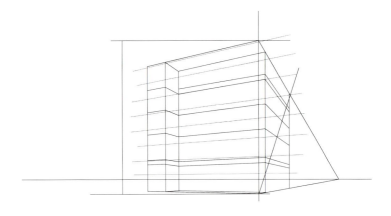

⑪屋上の階段室を描く1

階段室一番上の右の角の点とVP2を結んでおきます（線VP-1）。基準線上に点Bから屋上階段室の奥行き6785の点をとってVP2に結び、その線と奥行き補助線との交点を通る垂直線を引きます。この垂直線と、点AとVP2を結んだ線の交点からパースのガイドラインに平行に線を引き、線VP-1との交点を求めます。

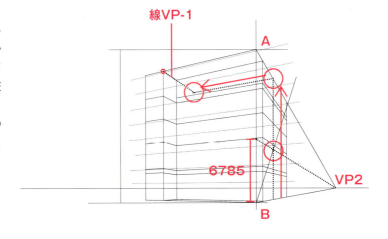

⑫屋上の階段室を描く2

⑪で求めた交点と階段室一番上の右の角の点を結び、⑪で求めた交点からパラペットの線まで垂直線を下ろすと屋上階段室が描けます。

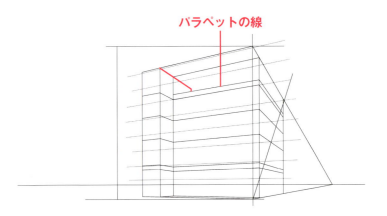

Step 4 窓を描く

❶正面窓の幅をとる1

水平補助線に点Aから正面壁の窓の水平位置の点をとり、それぞれCPと結びます。

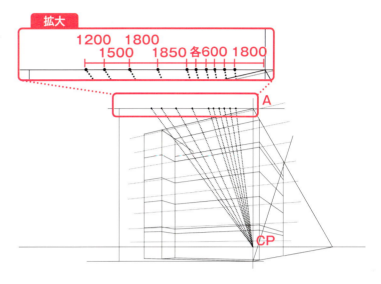

❷正面窓の幅をとる2

CPと結んだ線と線PG1の交点からVP2にそれぞれ線を引きます。それらの線と線PG2との交点を求め、この交点からそれぞれ垂直線を下ろすと、窓の幅が決まります。

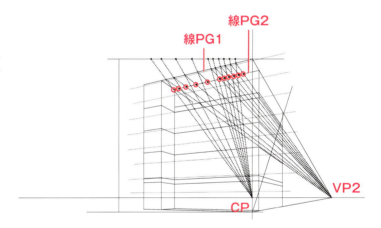

❸正面窓の高さをとる1

基準線上に点Bから正面壁の窓の高さ位置の点をとります。それぞれをVP2と結び、正面壁右の線との交点を求めます。

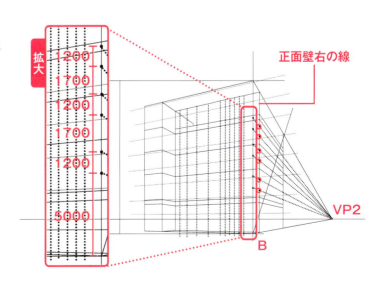

外観パースの描き方 | 067

❹正面窓の高さをとる２

③で求めた交点からガイドラインに平行に左へ線を引きます。先に描いた窓の幅の垂直線と囲まれた部分から、窓の位置を割り出します。

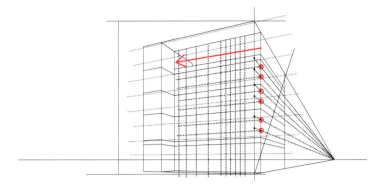

❺正面の窓が決まる

正面の窓が決まりました。

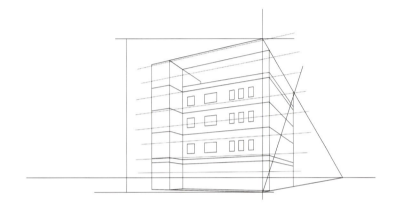

❻側面窓の奥行き位置をとる

基準線上に点Bから側面窓の奥行き位置の点をとります。この点をVP2と結んで、奥行き補助線との交点を求めます。その交点を通る垂直線をそれぞれ引きます。

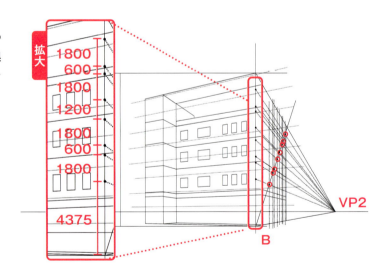

❼側面窓の高さをとる

基準線上に点Bから側面窓の高さ位置の点をとり、この点をVP2とそれぞれ結びます。

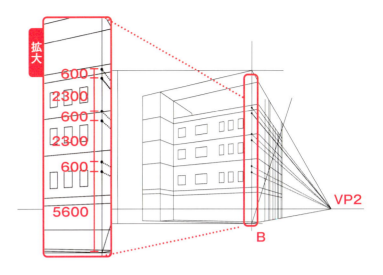

❽側面の窓が決まる

⑥で引いた奥行き位置の垂直線と、⑦でVP2へ引いた線に囲まれた部分から、窓の位置を割り出し、側面の窓を確定します。

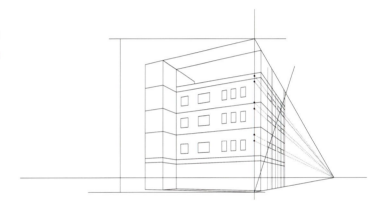

Step 5　1階の開口部を描く

❶開口部の位置をとる

水平補助線上に点Aから駐車場出入口の幅4550、玄関までの壁の幅5000の点をとり、それぞれCPに結びます。CPと結んだ線と線PG1との交点からそれぞれVP2へ線を引き、これらの線と線PG2との交点から正面壁一番下の線まで垂直線を下ろします。これで開口部となる1階玄関と駐車場出入口の位置が決まりました。

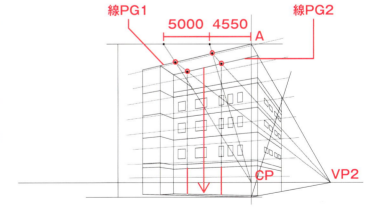

外観パースの描き方 | 069

❷玄関の壁を突き出す 1

玄関のガラス壁は階段室と同じ位置にあるため、玄関の壁を突き出します。①で求めた玄関位置の線の両端点とVP2をそれぞれ結びます。

> **memo**
> VP2と結んだ線は、端点から左方向へ長めに引いておいてください。

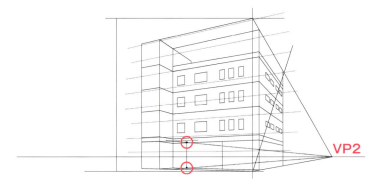

❸玄関の壁を突き出す 2

階段室1階の正面壁上下の線を右方向に延長し、②でVP2と結んだ線との交点を求めます。その交点間に引いた垂直線が玄関壁を突き出した線になり、階段室正面と同じ位置になります。

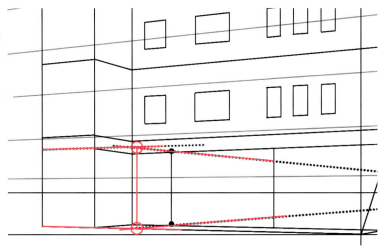

Step 6 意匠壁と庇を描く

❶意匠壁の幅と出をとる 1

水平補助線上に点Aから左へ壁の厚み600の点をとり、CPと結びます。その線と線S-1との交点からVP2へ線を引きます。次に基準線上に点Bから階段室正面から意匠壁正面までの奥行き寸法1675の点をとり、VP2と結んで奥行き補助線との交点を求めます。

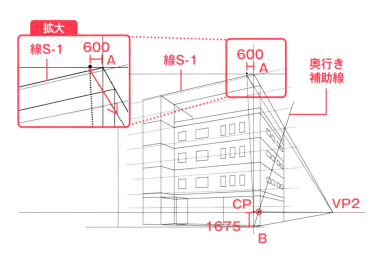

❷意匠壁の幅と出をとる 2

①で求めた奥行き補助線との交点を通る垂直線を引き、点 A から VP2 へ引いた線との交点から、ガイドラインと平行に左方向へ線を引きます。その線と①でとった線 S-1 上の交点から VP2 へ引いた線との交点を求めます。

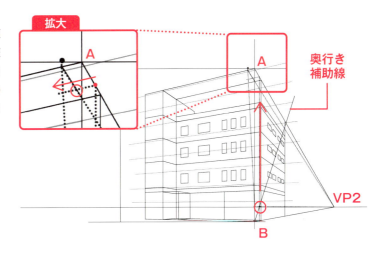

❸意匠壁の線を描く

②で求めた交点から下へ垂直線を引きます。これで意匠壁の飛び出し部分の線が描けました。

> **memo**
> ②で引いた奥行き補助線との交点を通る垂直線が、意匠壁の右側の線になります。

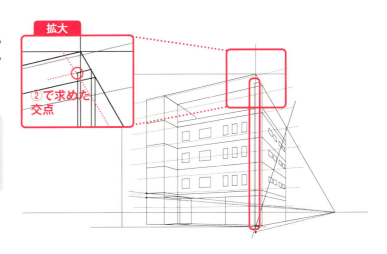

❹正面側庇の出寸法をとる 1

基準線上の点 B から下方向に庇の正面側の出 450 の点をとり、奥行き補助線も下方向に延長しておきます。また、階段室の庇部分左端の点（2つ）と VP を結び、この線もさらに左方向に延長させておきます。

> **memo**
> 最前面（ここでは階段室の正面）より手前にある面を作るときは、基準線上で GL より下方向に寸法をとります。

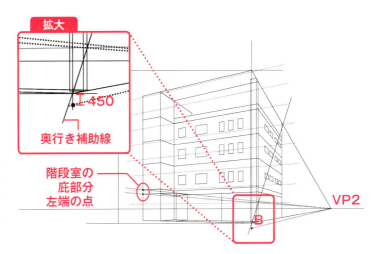

外観パースの描き方

❺ 正面側庇の出寸法をとる 2

VP2 から④でとった 450 の点を通る線を引きます。この線と奥行き補助線との交点から垂直線を上へ引きます。基準線上の点 A と VP2 を結んだ線を左上方向に延長し、先の垂直線との交点を求めます。その交点からガイドラインに平行に左方向へ線を引きます。

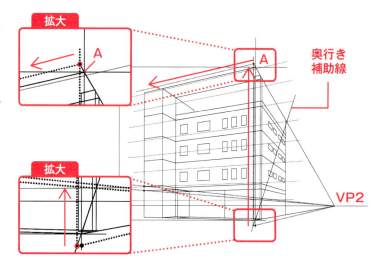

❻ 正面側庇の出幅を確定する

VP2 から階段室左上の角の点を通る線を引き、⑤で引いた線との交点を求めます。その交点から下ろした垂直線と、④で引いた階段室の庇部分左端の点（2つ）を通る VP2 からの線で囲まれた部分が、正面側庇の出幅になります。

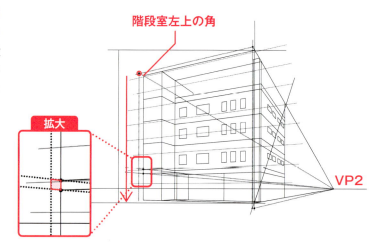

❼ 側面側庇の出寸法をとる 1

水平補助線上に点 A から右方向に庇の側面側の出 200 の点をとり、CP からその点を通る線を引きます。階段室正面一番上の線を右方向に延長し、CP から引いた線との交点を求めます。この交点と VP2 を結びます。

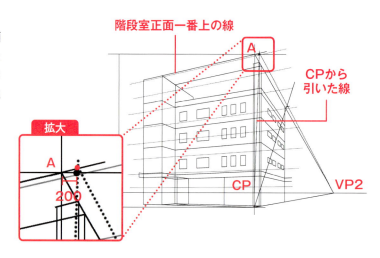

❽側面側庇の出寸法をとる 2

基準線上の点 A と VP2 を結んだ線と右側面奥の壁の線との交点 E から、⑦で VP2 と結んだ線までガイドラインに平行に線を引きます。この線が側面側の庇の出寸法になります。

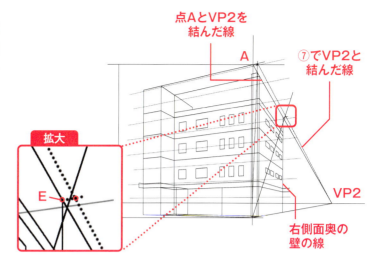

❾側面側庇の出幅を確定する

右側面の庇の線と右側面奥の壁の線との交点（2つ）から、パースのガイドラインに平行に右方向に線を伸ばします。⑧で求めた出寸法の点から垂直線を下ろし、右方向に伸ばした線との交点（2つ）を求めます。これが側面庇の出幅の点になります。

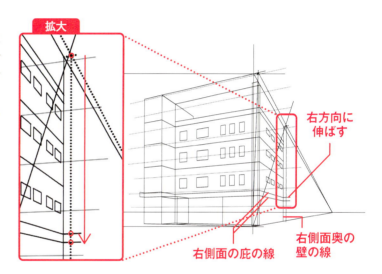

❿庇を描く 1

VP2 から⑨で求めた側面側庇の出幅の点（2つ）を通る線を引きます。次に正面側庇の出幅の点（2つ）から、ガイドラインに平行に右方向へ線を引きます。

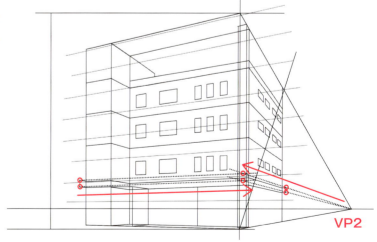

外観パースの描き方 | 073

⓫庇を描く 2

⑩で引いた線とその交点を結ぶと、庇が完成します。

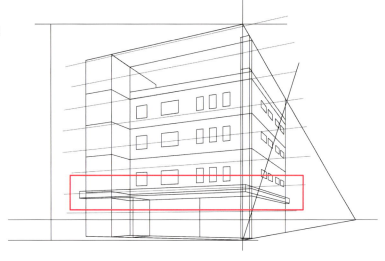

⓬不要な線を消す

不必要な補助線や最上階まで描いていた階段室以外の壁を消します。外観パース（応用）が完成しました。

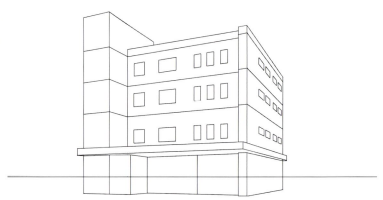

CHAPTER 3

03 外観パースの鉛筆仕上げ

基本原則
- 外観パースの点景はHLを基準にして描く
- 太陽の位置が陰影の付け方に影響する
- 建物を引き立たせるような背景処理を入れる

外観パースでよく使われる点景の描き方

外観パースの点景では、車や樹木、人物などがよく用いられます。外観パースの点景は、HLを基準にして描きます。

車

HLは地面からの距離が常に一定です。HLまでを1500㎜とした場合、一般的なセダンの車高は1200㎜程度のため、常にHLより下に収まるように描きます。地面からHLまでの高さをおおよそ5等分にし、4/5のところに車の屋根を描きます。全長は4500㎜程度と仮定し、1500㎜の正方形3つ取ります。これでだいたいの大きさが決まります。

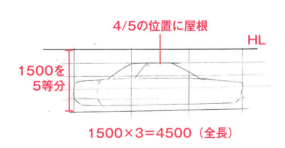

❶大きさを決める

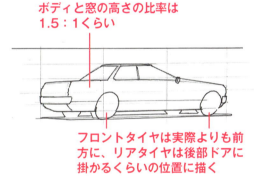

❷線画を描く

❸影を描く

❹陰を描く

外観パースの描き方 | 075

> **memo**
> ワゴンの場合も同じように描きます。セダンに比べ、丸みを帯びているので、上部はなめらかな曲線で描きます。

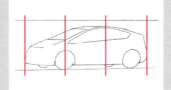

樹木

樹木は描きたい樹種の写真を参考にして描きます。HLを基準に高さを決め、大まかな樹形を描き、そこから、幹、枝、葉の順で描き足して、全体を整えていきます。

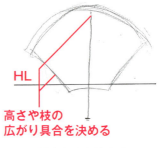

❶大きさを決める

❷幹と枝を描く　❸葉を描く　❹陰を描く

人物

学校には学生、店舗には店舗イメージに合わせた客層など、人物はパースのシーンに適したものを描きます。HLが極端に高い位置や低い位置でない限り、人物の頭をHL上に配置すると、スケールアウトせずに描くことができます。

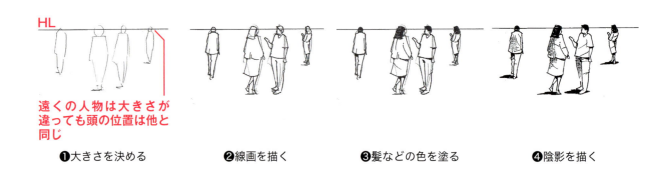

❶大きさを決める　❷線画を描く　❸髪などの色を塗る　❹陰影を描く

制作手順

　外観パースの鉛筆仕上げもインテリアと同様に、ここまで描いてきた下描きをコピーし、その上にトレーシングペーパーや美濃紙などの半透明の紙を重ね貼りして、清書とします。

　描いていく順番はインテリアと同じですが、車や樹木などサイズが大きなものを点景とするため、形のとり方や小さなパーツの書き込みに注意しましょう。

　また、太陽の位置によって陰影の方向が変わってくるため、あらかじめどちらから光が当たっているかを想定しておく必要があります。2点パースでは、手前側の陰（ものに帯びるかげ）を濃くします。2点パースの「手前」とは、基準線を設定したコーナーのことをいい、この例では右の意匠壁の正面側あたりが「手前」になります。

完成図

Step 1　点景を描く

下描きに点景の位置取りをし、清書に点景の線画を描きます。

Step 2　建物の線を転写する

建物の線を清書に転写します。窓やサッシは枠廻りなどの細部を追加します。

Step 3　陰影を描く

陰影を入れます。太陽光の照射方向を意識し、トーンや濃淡をつけて、立体的に表現します。

Step 4　空を描く（背景処理）

最後に空を描きます。鉛筆仕上げの空は、建物を引き立たせるための背景処理として描きます。

Step 1 点景を描く

❶点景の位置を決める

清書を描く前に点景の位置を決め、下描きに点景（車、樹木、人物など）をラフに描いておきます。

memo

人物は必ず HL 上に頭の位置がくるように描き、等間隔に配置しないようにします。走行中の車はタイヤの位置が道路内に収まるように描いてください。GL から HL までが 1500mm なので、その高さの中で描きます。

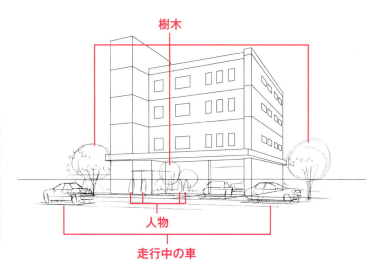

❷清書に点景を描く

清書用のトレーシングペーパーを下描きの上にのせ、点景を清書します。インテリアと同様に手前のものから描いていきます。

memo

この段階では形のみで、トーンや陰影は最後に描きます。

Step 2 建物の線を転写する

❶建物の線を描く

清書に建物の線を写していきます。線に強弱を付けると立体感が出ます。

memo

手前にあるものは線を強く、奥にいくほど細く描くのがコツですが、線の太さに大きな差が出ないようにします。階高目地の線はシャープに描きます。

❷窓やサッシを描く

窓やサッシを下描きから写し、枠廻りや方立てなどを実際の納まりに近づけるようにして描きます。

> **memo**
> スケール的に2本の線を描きづらいところは1本の太い線で描きます。

Step 3 陰影を描く

❶陰を描く

建物に陰の部分を付けます。同じ面には同じ角度で線を入れていく（トーン）と、きれいに見えます。道路も同様にして建物が映り込んでいるように陰を入れます。手前に1，2カ所、遠くに1カ所くらいでいいでしょう。さらに、VP1方向に向かってシャープな線を入れると、車の走行感が出ます。

> **memo**
> 道路は手前のほうに濃い部分を作り、奥の方は少し薄めに入れます。

❷ガラス面に陰を入れる

外観パースの場合、窓はかなり濃いめのトーンで塗ります。ガラス面にサッシの奥行き方向の厚みとなる濃い線を入れ、プランや用途にあった家具や人影をシルエットで入れます。

外観パースの描き方

❸影を描く

次に影の部分を描きます。庇の下、車の下、意匠壁と正面壁の境目に影を入れます。このパースでは手前上方45°の角度からの太陽光を想定しています。影も正面より側面にできるほうを濃いめに表現します。

❹点景に陰影を付ける

手前上方45°からの光を意識し、人物や樹木に地面に落ちる影を入れます。さらに樹木の葉の陰影、車のタイヤハウスの影、車の窓、人の服などにもそれぞれが立体的に見えるように、濃淡やトーンを付けます。

Step 4 空を描く（背景処理）

❶空（背景処理）を入れる

空として背景にトーンを入れます。トーンの方向は斜めで、向きはどちらでもかまいません。右利きなら右上から、左利きなら左上からが描きやすいでしょう。建物が引き立つように建物の際（きわ）を濃く、上方は白い部分を残しながら伸びやかにトーンを入れます。全体のバランスを調整すれば完成です。

第4章

着彩の基本

CHAPTER 4
01 色の3つの性質

> **基本原則**
> - 色には「色相」、「彩度」、「明度」の3つの性質がある
> - 水彩では絵の具に混ぜる水の量で彩度や明度が上下する

　色には「色相」、「彩度」、「明度」の3つの性質があり、これらの組み合わせによって、さまざまな色を表現できます。本書でも、彩度や明度という言葉が出てくるので、ここで簡単に説明しておきます。以下をふまえて、色の作成をおこなってください。

色相
　赤・青・黄といった一般的に「色」と呼ばれている色味のことを指します。これを色の変化に応じて円形状に24色並べたものを「色相環」といいます。色相環上で向かい合う2色は、互いを引き立たせる色の組み合わせといわれ、この関係を「補色」といいます。補色は混ぜると無彩色（グレーのような色）になる性質をもっています。

彩度
　色の鮮やかさの度合いのことです。同じ色でも彩度が低いほど無彩色に近づき、くすんだ印象になります。彩度が高くなるほど、濃く鮮やかな印象になります。水彩パースで色を作るときは、水を多く混ぜると彩度が下がります。

明度
　文字どおり、色の明るさと暗さの度合いのことです。白に近づくほど明るく、黒に近づくほど暗いと表現されます。水彩パースでは、色を作るときに水を多く混ぜると明度が上がり、混ぜる水が少なければ明度が下がります。

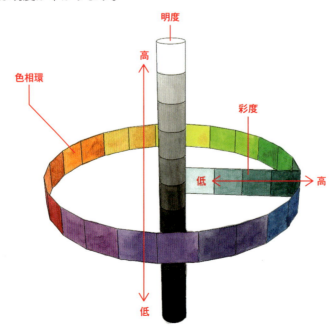

水彩パースで使う道具

CHAPTER 4 02

> **基本原則**
> - 絵の具は透明水彩絵の具を使う
> - 色はパレットではなく、梅皿で混ぜる
> - 直線状に塗るときは溝引き定規を使う

透明水彩絵の具

本書ではホルベイン アーチスト ウォーターカラー（透明水彩絵の具）を使います。基本の12色セットにコンポーズブルー・ライトレッド・インジゴ・サップグリーン・セピア・イエローグレイ・ブリリアントピンク・ピロールレッド・パーマネントイエローディープを単品で追加すると、パースの着色はほぼカバーできます。

パレット

水彩絵の具をチューブから出し、乾燥させて固形にしてから使います。パレットでは色は混ぜません。

梅皿

パレット上で固形にした絵具を梅皿で混ぜ合わせます。

着彩の基本 | 083

筆

①平筆：穂先が平らにそろっている筆。空や道路などの広い面を塗るのに適しています。
②彩色筆…毛が柔らく水分の含みがよい筆。壁や床などを塗るときに使います。
③面相筆…穂先が細長い筆。目地や小さな点景などの細部を塗るのに適しています。

溝引き定規とガラス棒

直線を描くときに使います。定規には30、45、60cmなどの長さがあり、絵の大きさに合わせて使用します。A4程度のパースを描くときに使いやすいのは30cmの定規です。ガラス棒は線をまっすぐ引くためのガイドとして使います。

column

溝引き定規とガラス棒の使い方

筆とガラス棒を箸のように持ち、溝引き定規の溝にガラス棒の先を置いて、スライドさせながら筆で線を引きます。このとき、手に力を入れすぎないようにして一定の方向にスライドさせます。

用紙・ボード

着彩は、紙に描いたものを塗る場合とボードに直接塗る場合があります。本書ではコピー用紙をタックボードに張ったものを使います。透明水彩ではキャンソンボード（白色）やアルシュ紙、エアブラシではクレセントボードなどを使用します。塗りではありませんが、下描きではトレーシングペーパーを使います。また、キャンソンボード（灰色）は不透明水彩でも使用します。

CHAPTER 4

03 下描きの準備

> **基本原則**
> - コピーした下描き、またはキャンソンボードに塗る
> - 手軽さ重視ならコピー、作品風にしたいならキャンソンボードがおすすめ
> - いずれも水平・垂直になるように気をつける

　着彩のベースになる下描きを準備します。下描きはコピーを使用する場合と、キャンソンボードに書き写したものを使う場合があります。コピーを使用するメリットは手軽でやり直しがきくことです。キャンソンボードは失敗した場合に写し直す手間がありますが、線画の微妙な強弱や濃淡を表現できるメリットがあります。

コピーを塗る場合

トレーシングペーパーに描いた清書の下描きをコピーし、タックボードに水張りします。この場合はタックボードに張って使用するため、用紙の中央に下描きをコピーするようにします。

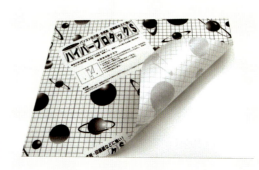

タックボード（図はアルテ「ハイパープロタックS」）

> **memo**
> 紙に直接絵の具を塗ると、水分で紙が伸縮して波打ったり歪みが生じたりします。これを防ぐために、あらかじめ紙に水を塗り、ぬれた状態でタックボードに張って乾かします。これを「水張り」といいます。

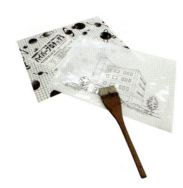

コピーに水を塗る

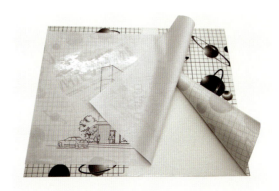

タックボードに張りつける

着彩の基本 | 085

キャンソンボードに塗る場合

コピーした下描きの裏に鉛筆の芯粉を振りかけてティッシュなどでよくこするか、下描きの裏を直接鉛筆で塗りつぶします。これがバックカーボンの代わりになります。下描きのコピーを表に戻し、キャンソンボードの上に水平・垂直を意識して乗せ、ドラフティングテープで止めます。下描きの線を少し強めになぞっていき、時々部分的にテープを外して、確認しながらトレースします。トレースには赤のボールペンを使うと写し忘れの防止になります。

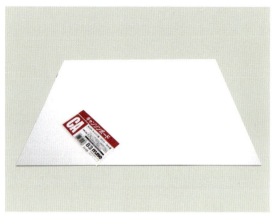

キャンソンボード（図は muse「キャンソンボード」）

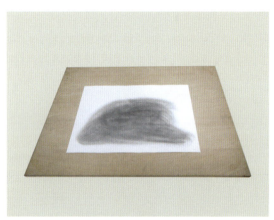

コピーの裏に鉛筆の芯の粉を塗りつける

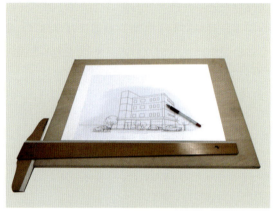

キャンソンボードに乗せてトレースする

CHAPTER 4
04 水彩パースでよく使う色

基本原則
- 白は塗らずに紙の色で表現する
- 基本は18色、ない色は混ぜて作る

　本書ではホルベイン アーチスト ウォーターカラー（P.83）を使用します。パースでよく使う色は下の18色です。これらを混ぜれば、一般的な建築パースの色はほぼカバーできます。透明水彩絵の具では、「白色」は塗らずに紙色で表現します。

アイボリ
ブラック
(IB)

セピア
(SP)

バーント
アンバー
(BU)

ライト
レッド
(LR)

イエロー
オーカー
(YO)

パーマネント
イエロー
ディープ
(PYD)

パーマネント
イエロー
ライト
(PYL)

パーマネント
グリーン
No.1
(PG)

サップ
グリーン
(SG)

ビリジャン
ヒュー
(VI)

イエロー
グレイ
(YG)

コンポーズ
ブルー
(CPB)

コバルト
ブルー
(CB)

インジゴ
(IN)

クリムソン
レーキ
(CL)

バーミリオン
ヒュー
(VE)

ピロール
レッド
(PR)

ブリリアント
ピンク
(BP)

着彩の基本 | 087

CHAPTER 4
05 色の塗り方

> **基本原則**
> - 最初は薄く塗り、塗り重ねて色を濃くする
> - 陰影は塗り重ねのグラデーションによって表現する
> - 点景は白い部分を残して、パース全体の明るさを確保する

塗り方の基本

水彩絵の具は一度濃く塗ってしまうと薄くするのは困難なので、最初は薄めに塗ります。色を濃くしたい場合は、塗った面が完全に乾いてから塗り重ねます。塗る範囲に対して絵の具を少し多めに筆に含ませると、ムラになりにくいです。塗り重ねすぎると色がくすむので、クリアな絵にするには塗り重ねを2回までにとどめておきます。はみ出さないようにするには、線の内側で筆を止めるように塗ります。

1度塗り　　　2度塗り　　　3度塗り

また、混ぜる水の量によって色に変化が出ます。以下は3つともバーミリオンヒューの1度塗りですが、混ぜる水の量がちがいます。混ぜる水の量を多くすれば明度が上がり、彩度が下がります。逆に混ぜる水の量を少なくすれば明度が下がり、彩度が上がります。

多い　←　混ぜる水の量　→　少ない

グラデーション（陰影）の付け方

水彩絵の具は重ね塗りによってグラデーション（陰影）を付けます。ここでは図のような側面に凹みがある立方体を、無彩色で塗る例で説明します。

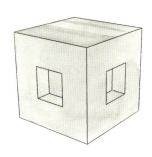

①ベースとしてアイボリブラックを全体に塗ります。

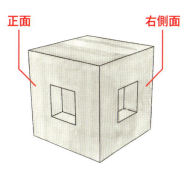

②正面と右側面を同じ色で塗り重ねます。

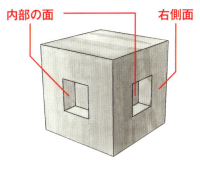

③右側面や凹み内部の面をさらに塗り重ねて、コントラスト（明暗の差）を付けます。

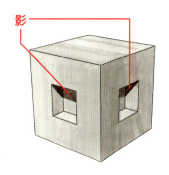

④凹み内部をさらに塗り重ねて、影の部分とします。

> **memo**
>
> 有彩色の場合も基本的には同じ塗り方です。ただし、同色で塗り重ねると彩度が上がってしまうため、コントラストや影の色は、同系の明度や彩度の低い色を使います。
>
> ・クール系の例
> ベース：コンポーズブルー
> コントラスト／影：インジゴ
>
>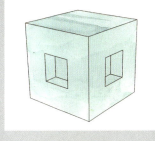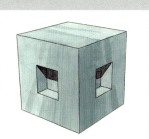
>
> ・ウォーム系の例
> ベース：イエローオーカー
> コントラスト：バーントアンバー
> 影：セピア
>
>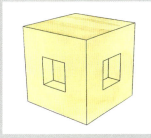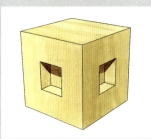

着彩の基本　|　089

点景の塗り方

　点景も前ページと同じようにグラデーションを付けて塗ります。点景の塗り方の特徴は「白い部分を残しておくこと」です。この白が光の表現やパース全体を明るくみせるカギになります。また、単色の黒は重くなるため、点景にはほとんど使いません。点景として使われる車、人、樹木の塗り方のポイントを説明します。

車

ガラスはコバルトブルーとイエローオーカーを混ぜたくすんだグリーングレーでベースを塗り、車内は同じ色を塗り重ねて表現します。点景で描く車のボディは、少し派手めの色を使ったほうがパースに華やかさが出ます。タイヤハウスの影は濃く入れます。

人物

人物はリアルになりすぎると、パース全体のバランスが崩れるため、目鼻立ちや服の細部は表現せずに塗ります。また、洋服の色で明るさを出そうとしてすべてに色をつけてしまうと、逆に全体が沈んでしまうので、白を必ず残します。

樹木

樹木は常緑樹、落葉樹などの樹種や、季節による枝ぶりのちがいがあるので、シチュエーションに合った色相を選んで着色します。建築の点景では、パーマネントグリーンNo.1にパーマネントイエローライトを混ぜた明るめの樹木と、ビリジャンヒューとバーントアンバーを混ぜた少しくすんだ樹木の2つのパターンを使い分けるのがよいでしょう。

CHAPTER 4
06 質感表現

基本原則
- 塗り重ねで質感を出す
- グラデーションで光沢感を表現する
- 目地は面相筆を使い、溝引き定規で線を描く

建築パースでは、建物や外溝に使われている材料や、道路、植栽などの質感を着彩で表現します。各材料の質感を実際に目で見て確認し、それに近くなるようにいろいろな塗り方を試してみてください。質感もP.89のように、ベース塗りからグラデーションを重ねて表現します。ここでは建築パースでよく使われる、木材やコンクリートなどの色と塗り方を紹介します。混ぜる水の分量によって色の明るさが変わります。

木材

セピアとバーントアンバーを混ぜてベースを塗り、同じ色でグラデーションを重ね塗りします。最後にセピアで木目を入れます。木目は溝引き定規を使用して面相筆で描きますが、まっすぐな直線ではなく若干の歪みを加えると自然な木目に見えます。

セピア　＋　バーントアンバー

ベース塗り　　グラデーション　　質感表現

着彩の基本 | 091

コンクリート打ち放し

アイボリブラックとイエローグレイを混ぜてベースを塗り、同じ色でグラデーションを重ね塗りします。最後に水分を少なくした同じ混色を使い、面相筆で目地とセパ穴を描きます。

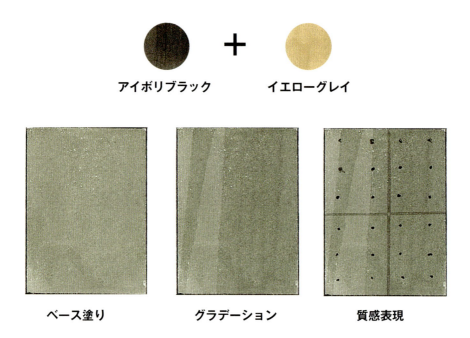

金属

シルバーやゴールド、鏡面やバフなどの条件によって異なりますが、光沢感を出す場合はコントラスト（明るい部分から暗い部分までの差）を強めに表現します。インジゴ、クレムソンレーキ、セピアを混ぜてやや紫がかったグレーを作り、白い部分を残しながら塗ります。グラデーションの回数を増やして塗り重ね、コントラストを強くします。

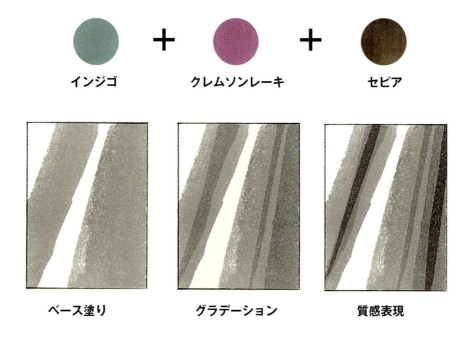

タイル

タイルにはさまざまな種類があり、光沢の度合いや表面のテクスチャーがちがいます。質感の表現は重ね塗りによるグラデーションの回数を増やして調整します。ここではライトレッドとイエローオーカーを混ぜてベースを塗り、同じ色でグラデーションを重ね塗りします。目地は面相筆で溝引き定規を使用し、セピアで直線を引きます。タイルの張り方には、イモ張り・馬踏み張り・フランス張り・イギリス張りなどがあるので、知識として覚えておくとよいでしょう。ここでは馬踏み張りを表現しています。最後にバーントアンバーでタイルの窯変を入れます。

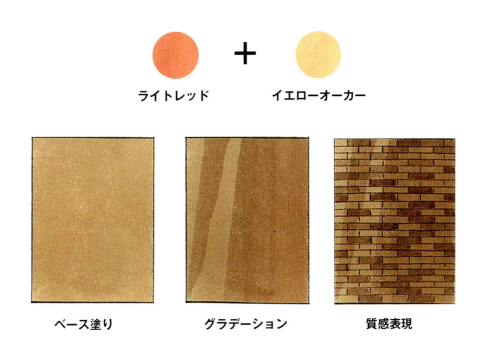

道路

アスファルトはレンガ色などに着色されたものもありますが、ここでは一般的なアスファルトを表現します。ベースはインジゴとセピアを混ぜたブルー寄りのグレーで塗り、グラデーションは同じ混色を濃くして塗ります。塗る方向はVP方向をベースとして、部分的に映り込みを垂直方向で入れます。

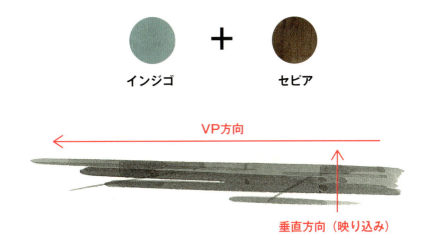

芝

芝はベースでパーマネントイエローライトとパーマネントグリーン No.1 を混ぜた色を塗り、グラデーションでサップグリーンを重ねます。最後にサップグリーンで芝目を入れます。

石張り

自然石の石張りでは、石の形が横長になるように描きます。セピア、インジゴ、イエローオーカーを混ぜた色でベースを塗り、グラデーションで塗り重ねに変化を付けて、石の色のばらつきを表現します。

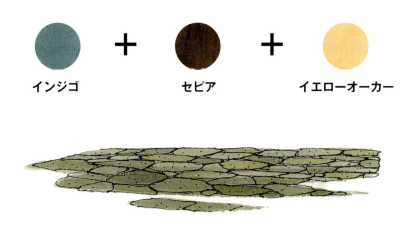

空

空の表現には大きく2種類の表現があります。

・タッチの表現

用紙に水を塗り、水が乾かないうちに大きめの平筆を使って、小刻みに掃くようにコンポーズブルーを塗っていきます。このときリズムが出るように建物手前の角から広がるように塗ります。白い部分をたくさん残すくらいの気持ちで塗りましょう。

・流した表現

こちらも用紙に水を塗ります。水が乾かないうちに大きめの平筆で、端から端までを筆でこするようにコンポーズブルーを塗っていきます。このとき上のほうが濃く、HLに近づくほど白くなるように塗って下さい。

コンポーズブルー

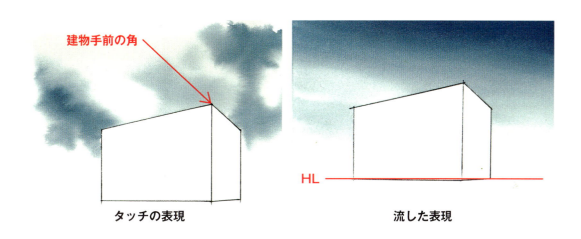

タッチの表現　　　　　　　流した表現

column

背景表現

材料ではありませんが、建物の背景にも質感を表現した点景を入れることがよくあります。背景は建物の種類や状況で変わってきますが、隣接する建物などを背景とする場合は、本体が引き立つように立方体でボリュームのみ表現します。隣接建物を背景としない場合は、樹木をぼかして描き、背景とします。

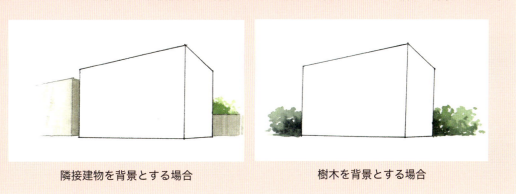

隣接建物を背景とする場合　　　　　　　樹木を背景とする場合

column

下描きで使う道具

下描きで使う道具は、下描きを描く用紙（トレーシングペーパーやコピー用紙）、製図板（または製図台）、ドラフティングテープ、Bや2B程度の鉛筆、定規（T定規、三角定規）、三角スケールなどです。ドラフティングテープは用紙を製図版に固定するために使い、三角スケールは図面の寸法をパースの縮尺に合わせるために使います。

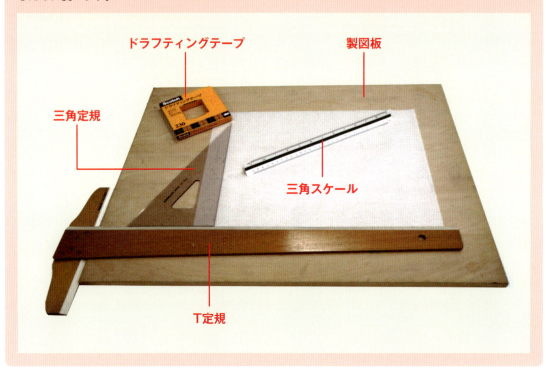

第5章

インテリア
パースの着彩

CHAPTER 5
01 インテリアパースの着彩 －基本－

> **基本原則**
> - 大きい面積から塗っていくと全体をまとめやすくなる
> - 用紙の端2〜3cmを余白にするとパースとしてのバランスがよくなる
> - 影はセピアやインジゴを多めに混ぜ、家具などの真下に入れる

天井・壁・床の着彩でよく使われる混色

　水彩絵の具は基本的に絵の具と水を混ぜて塗りますが、単色よりも色を混ぜて塗ることのほうが多いです。本書でも壁・天井・床などは色を混ぜ、水の量で彩度や明度を調整して塗っています。ここでは天井・壁・床でよく使われる色の組み合わせを紹介します。

セピアとインジゴ＝天井・壁など
セピアとインジゴの組み合わせはインテリア、外観ともによく使う組み合わせです。主に白を想定している部材に使用します。混色はグレーですが、セピアを多めにするとウォーム系、インジゴを多めにするとクール系に変化します。ここでの例は水を多く混ぜて薄いグレーにしていますが、水を減らすほど黒に近づきます。

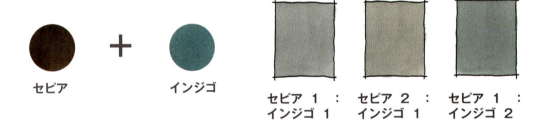

イエローオーカーとバーントアンバー＝床など
主に木材の床で使用します。この組み合わせも絵の具の割合や水の量を変えることによって、棚や家具などのさまざまな木材の色に使えます。

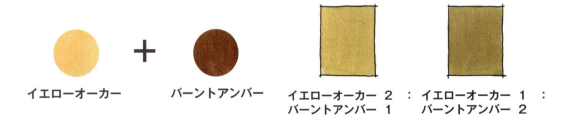

制作手順

　インテリアパースを彩色するときは、用紙いっぱいに塗るのではなく、端から2〜3cm内側に描くようにすると、まとまりよく見えます。大きな面や色が決まっている物から塗り始め、小物や影などは全体の色数によって、何色を塗るのかを判断します。

完成図

Step 1 天井・壁・床を塗る

天井や壁、床など面積が大きな面から塗っていきます。大きな面から塗っていくと、全体の出来上がりを想像しやすくなります。

Step 2 家具を塗る

家具は木材やスチールといった素材ごとに色を選び、質感を表現します。家具に付随する点景もここで塗ります。

Step 3 窓を塗る

窓はガラスのみで表現する場合と、外の景色を描く場合とがあります。ガラス越しに庭が見えることを想定している場合は、植栽などを描いたほうがパースが明るくなります。

Step 4 影を塗る

テーブルセットなどの「影」を入れていきます。小物のわずかな影などは濃いめに入れると、存在感が増します。

Step 5 その他の点景を塗る

最後に観葉植物や照明など、塗り残した添景を塗ります。全体を見て、少し色味が足りないと思ったら派手めの色を、色味が多いと思ったら地味めの色を塗ります。

Step 1 天井・壁・床を塗る

❶天井を塗る

色はセピアとインジゴを混ぜ、少し茶色寄りのグレーを作ります。このとき、水分はかなり多めにします。天井面を全体的に塗ったら、溝引き定規を使って手前のほうだけ水平方向に色を重ね、グラデーションを入れます。

> **memo**
> 一番手前の線は塗り部分とあえて離すと、天井が手前に続いている感じを出すことができます。

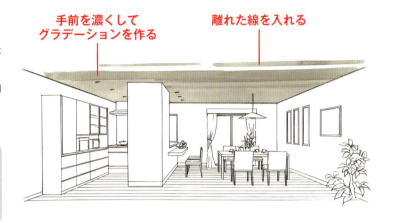

手前を濃くしてグラデーションを作る
離れた線を入れる

❷壁を塗る

壁の色は白を想定していますが、色はセピアとインジゴとイエローオーカーを混ぜたウォームグレーで塗ります。天井と同じく、一番手前は溝引き定規を使用します。奥にある正面の壁は明るさを表現するため、ベースは塗らず、グラデーションのみ入れます。

正面壁のグラデーションは中心からずらして斜めに入れる

❸床を塗る

床は木材なので、イエローオーカーとバーントアンバーを混ぜて塗り、手前を重ね塗りしてグラデーションを入れます。家具の角から垂直方向にグラデーションを入れると、映り込みが表現されて床に光沢感が出ます。

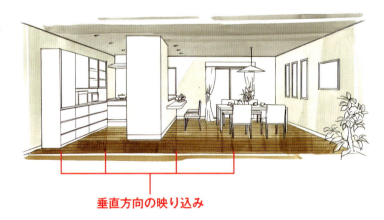

垂直方向の映り込み

Step 2 家具を塗る

❶ 木製の家具を塗る

テーブル、カウンター、カーテンボックス、食器棚は木製なので、イエローオーカーを多めにしてバーントアンバーと混ぜて塗り、グラデーションを入れます。

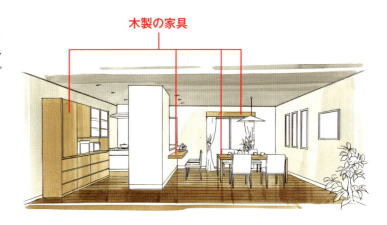

❷ 家具に付随する点景を塗る

家具に付随する点景（食器、果物、家電など）を塗ります。塗る面積は小さいですが、陰影を必ず意識し、白を残してコントラストを強めにします。

> **memo**
> 白い部分は、白色でも不自然でない食器や花瓶などに入れましょう。

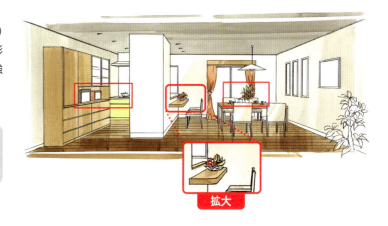

Step 3 窓を塗る

❶ 窓を塗る

この例では庭が見える想定で、各窓に空（コンポーズブルー）と、植栽（サップグリーン）を入れて、庭を表現します。

> **memo**
> 庭を描かない場合は、ガラスの表現で塗ります（P.116）。

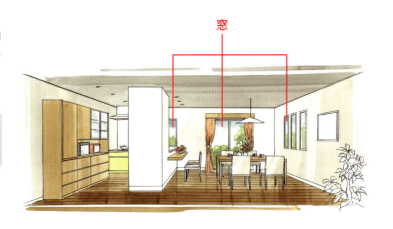

Step 4 影を塗る

❶影を入れる

テーブルセットなどの影は、室内パースなので真下に入れます（P.15）。影の色は、セピアとインジゴを混ぜて塗ります

> **memo**
> 床の影はセピアを多めに、壁の影はインジゴを多めにして影の色を作ります。

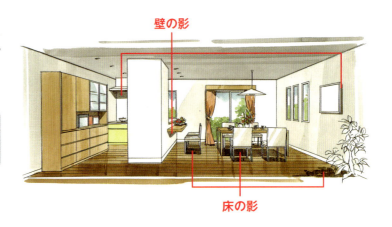

Step 5 その他の点景を塗る

❶観葉植物と絵画を塗る

葉はパーマネントグリーンNo.1とパーマネントイエローライトを混ぜて作り、陰影を意識して塗ります。幹はセピアで塗ります。絵画は部屋の雰囲気に合うような色味を考えて塗ります。

❷巾木、照明を塗る

巾木や照明を塗ります。最後にパース全体を見て影を強くしたり、細かいはみ出しの修正などをして完成です。

> **memo**
> はみ出しはポスターカラーの白に該当部分の色を混ぜ、上塗りをして修正します。

CHAPTER 5
02 インテリアパースの着彩
―リビングダイニング―

基本原則
- 広い空間はグラデーションで遠近感を出す
- 家具は統一感を出すため同系色で塗る
- 全体が単調にならないように観葉植物や小物で色味を追加する

リビングダイニングのインテリア着彩

ここで使うインテリアパース

ここでは吹き抜けのあるリビングダイニングの着彩をします。広い空間なので、塗りではグラデーションを効かして遠近感を表現しましょう。空間が広い場合は、観葉植物や小物を多めに入れると単調さを緩和できます。この例ではコートハウスを想定しています。中庭が特徴的なため、窓越しの景色もしっかりと表現したいところです。

制作手順

　この場合も天井や床などの広い面積のところから塗っていきます。吹き抜けになっているので、高いほうの壁や天井を少し明るめに塗り、床を濃いめに塗ることで高さ方向を強調できます。

完成図

Step 1 天井・壁・床を塗る

この例では天井に段差があるため、グラデーションの入れ方を工夫します。低いほうの天井の奥に濃いグラデーションを入れると、段差が強調できます。

Step 2 家具や暖炉を塗る

空間が広いと置かれる家具の数が増えますが、できるだけ同系色で塗るようにすると統一感が出ます。家具の床への映り込みも、この段階で入れます。

Step 3 その他の点景を塗る

小物類には少し派手めの色を入れて全体を明るくします。植物は室内のものと庭のものとを彩度を変えて表現します。

Step 4 影を塗る

家具などの影を入れます。床の影は濃いめで塗ると全体に明暗がはっきりして、庭の明るさが強調されます。

Step 5 窓を塗る

庭の植物は Step3 で描いたので、他の面のガラスに薄いブルーで軽くグラデーションを入れます。

Step 1 天井・壁・床を塗る

❶天井を塗る

色はセピアとインジゴを混ぜ、少し茶色寄りのグレーを作ります。このとき、水分はかなり多めにします。まず低いほうの天井から塗ります。

> **memo**
> 線からはみ出さないように、内側で筆を止めるようにして塗ってください。

❷天井にグラデーションを入れる

高いほうの天井も塗ったら、低いほうの天井に溝引き定規を使ってグラデーションを水平（横）方向に入れます。このとき、奥を濃くします。

> **memo**
> グラデーションは濃くなりすぎないように注意して下さい。

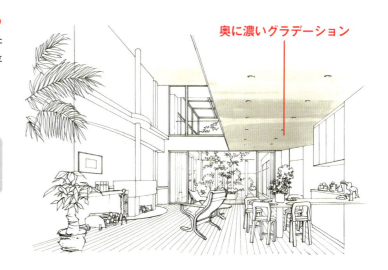

奥に濃いグラデーション

❸壁を塗る

セピアとインジゴとイエローオーカーを混ぜて作ったウォームグレーで壁を塗ります。手前は溝引き定規を使用して、同色のグラデーションを入れます。正面奥側の壁は、ベースを塗らずにグラデーションのみを入れます。

インテリアパースの着彩

❹床を塗る

床のベースを塗ります。木材なので、色はイエローオーカーとバーントアンバーを混ぜて塗ります。

❺床にグラデーションを入れる

グラデーションを入れます。水平方向を意識しますが、ここでは定規を使わず、フリーハンドで床材をやわらかく表現します。

> **memo**
> 奥に大きな窓があるため、窓の近くの床は濃くしないようにします。

手前は濃くする

Step 2 家具や暖炉を塗る

❶暖炉周りとキッチン周りを塗る

家具の木材部分を塗り、暖炉はライトレッドとイエローオーカーを混ぜて塗ります。煙突と薪のラックはセピアとインジゴを水分少なめに混ぜて塗ります。ひと通り塗ったら、床への映り込みを垂直方向に入れます。
続けて、キッチンの吊り戸のパネルをコンポーズブルーとインジゴを混ぜて塗ります。

垂直方向の映り込み

❷ その他家具を塗る

中央の椅子の座面（クレムソンレーキ＋バーントアンバー）やテーブルの脚、植木鉢などを塗り、暖炉に同色でレンガの窯変を入れます。最後にここまで塗った家具にグラデーションを入れます。

Step 3 その他の点景を塗る

❶ 小物類を塗る

明るいパースにするには、点景に少し派手めの色を入れます。白い部分も残しておくと効果的に色が強調されます。

> **memo**
> 白い部分は、白色でも不自然でない食器や鉢植えや花瓶などに入れましょう。

❷ 樹木を塗る

室内の観葉植物の葉はパーマネントグリーンNo.1とパーマネントイエローライトを混ぜて塗り、グラデーションを入れます。幹はセピアで塗ります。庭の木々は派手な色で着色すると目立ってしまい、遠近感がなくなるので、明るく彩度が低い色（サップグリーンなど）を使います。

> **memo**
> 観葉植物の細かい葉は細めの面相筆を使用し、絵の具の水分をよくきって着色すると、はみ出しにくいです。

庭の樹木は室内より、彩度が低い色で塗る

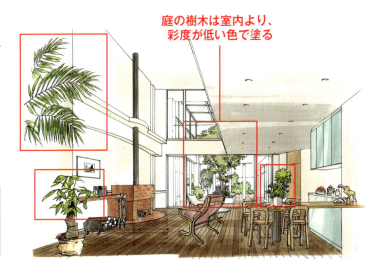

インテリアパースの着彩 | 107

Step 4 影を塗る

❶影を入れる

テーブルセットなどの影は、室内パースなので真下に入れます（P.15）。影の色は、ベースの濃い色、たとえば床ならセピア、壁ならセピアとインジゴを混ぜた色を使います。

Step 5 窓を塗る

❶窓を塗る

ガラスを着色します。このケースでは窓が何面もあり、一番広い窓には庭の植栽を描きましたが、他の面にはガラスの表現をします。コンポーズブルーでグラデーションを斜めに入れ、白い部分を残して反射の質感を持たせます。
最後にパース全体を見て、陰影や質感を色の濃淡で調整します。

CHAPTER 5
03 インテリアパースの着彩 —店舗—

> **基本原則**
> - ターゲット層に合わせた服の色を選ぶ
> - 小物の色のかたよりや塗りのはみ出しに注意する
> - 照明を落とした店舗を想定している場合は人物の服装を明るめにする

店舗のインテリア着彩

ここで使うインテリアパース

店舗のパースの場合、店の雰囲気を出すために人物の点景を入れることがよくあります。人物で店のターゲットをより明確にしたり、スケール感をわかりやすくしたりするためです。塗りでは、その客層に合った洋服の色を選びましょう。

また、店舗内観ではその店の商品が配置されます。住宅よりも小物が多くなるので、小物が特定の色にかたよったり、色がはみ出したりしないように気を配る必要があります。この例では店舗をバーとし、比較的若い人をターゲットとしています。

制作手順

　バーの雰囲気を出すため、全体的に少し暗めに塗ります。店舗自体は暗めの色を多く使うため、人物の服の色を明るめにして、パース全体が暗くならないようにしましょう。

完成図

Step 1　天井・壁・床を塗る

天井や壁の白はこれまでのようにグレーを使いますが、バーの雰囲気を出すため少し濃いめのグレーにし、床も濃いめの色にします。

Step 2　腰壁と棚を塗る

腰壁、棚の木材も濃いめに塗ります。グラデーションや木目のテクスチャー表現を忘れないように入れます。

Step 3　カウンター周りを塗る

カウンター立上り部はモザイクタイルの表現をしています。色味はグレー系で、最後に同じ色の濃淡でタイルの色むらを表現します。

Step 4　影を塗る

全体を濃いめに塗っているので、影の色も濃いめで塗ります。

Step 5　点景を塗る

全体的に色味が暗いので、人物の服などは少し派手めの色で塗り、パースが暗くならないようにします。

Step 1 天井・壁・床を塗る

❶天井を塗る

天井は白を想定していますが、直接照明が当たらないので、セピアとインジゴを混ぜ、水を少なめにしたウォーム系のグレーで塗ります。

❷天井にグラデーションを入れる

手前のほうに水平方向のグラデーションを入れます。色はベースの色を塗り重ねるだけです。ここでは溝引き定規を使いません。

手前にグラデーション

❸壁と床を塗る

床はフローリングのため、セピアとバーントアンバーを混ぜた色を塗ります。手前に水平方向のグラデーションを入れ、垂直方向に椅子の映り込みを入れます。壁は天井より少し明るいので、セピアとインジゴを混ぜた色に水を多めに加え、ベースとグラデーションを塗ります。

> **memo**
> 椅子はあとから黒で塗るため、椅子の脚に床の色がかかってしまってもかまいません。

正面奥の壁は白を残し、グラデーションだけ入れる

椅子の映り込み

インテリアパースの着彩 | 111

Step 2 腰壁と棚を塗る

❶腰壁と棚を塗る
腰壁と棚も、床と同じセピアとバーントアンバーを混ぜた色で塗ります。

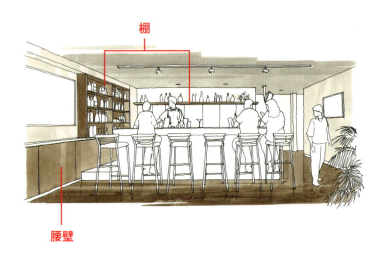

Step 3 カウンター周りを塗る

❶カウンター後ろの鏡を塗る
カウンターの後ろは鏡を想定しています。ベースでインジゴとクレムソンレーキを混ぜた紫系のグレーを塗ります。鏡の場合、本来は目の前のものがはっきりと映りますが、リアルに描くとパースの雰囲気が壊れるため、シルエット程度の塗りにとどめます。

❷カウンターと椅子、照明を塗る
椅子と照明はインジゴとセピアを水分少なめで混ぜた黒で塗ります。カウンターの立上り部分は椅子で使った黒に水を加え、薄めの黒で塗ります。
天板と椅子の座面は、壁と同じウォームグレーで塗ります。

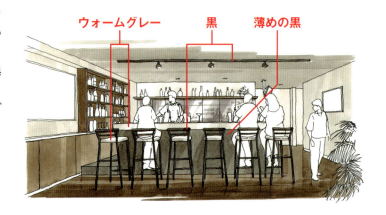

❸ タイル目地を入れる

カウンターの立上り部分にモザイクタイルを表す目地を細い油性ペンで入れます。

> **memo**
>
> このとき、フローリングや腰壁の目地を一緒に入れてしまってもかまいません。目地は最初のインキングのときに入れておいてもよいです。

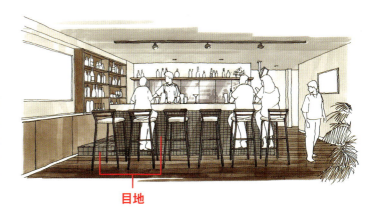

目地

Step 4 影を塗る

❶ 影を塗る

床と棚の影はセピアで濃いめに塗ります。壁の額縁の影はインジゴとセピアを混ぜて塗ります。

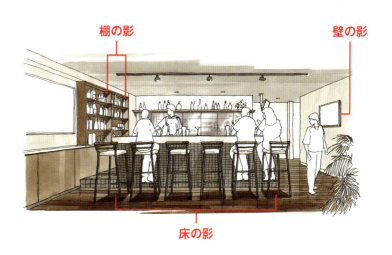

棚の影　壁の影　床の影

Step 5 点景を塗る

❶ 髪や肌、棚のボトルを塗る

人物の髪はセピアで、肌はイエローオーカーとライトレッドを混ぜて塗ります。ボトルは全体をべったり塗らず、ハイライトの白を残すとガラスが表現できます。

> **memo**
>
> 髪は黒で塗ると絵が重たくなるので、茶系のセピアで塗ります。

インテリアパースの着彩　| 113

❷残りの点景を塗る

人物の服やモニターの画面、絵画や観葉植物などを塗ります。服は派手めの色を使い、白い服も必ず入れます。絵画にも白を残します。モニターの画面はインジゴとコンポーズブルーを混ぜた色で手前が薄くなるように塗り、最後にタイルの色むらを入れ、影の濃淡や色味を調整したら完成です。

第6章

外観パースの着彩

CHAPTER 6
01 外観パースの着彩 －基本－

基本原則
- 空と道路から描いていく
- 空は用紙に水を塗り、その水が乾かないうちに色を塗る
- 窓の色は用途によって塗り分ける

外観パースにおける窓の塗り分け

外観パースにおいて、窓ガラスの表現は建物の雰囲気を表現するうえで重要な部分です。一般的にガラスは青系の色で塗りますが、外観パースでは目立たせたい部分のガラスを黄系で塗ることがあります。これは、暖色系の色味による和んだ雰囲気を出せること、青系にくらべて内部の描き込みがよく見えることから、中が見えない建物の雰囲気を伝えやすくする効果があります。用途によって、青系と黄系の塗り分けをおこないましょう。

黄系
ベースをイエローオーカーで塗り、内部の家具や人物などの描き込みをイエローオーカーとバーントアンバーを混ぜた濃いめの色で描きます。人が集まるところとして表現したい店舗の入口やショールーム、カフェスペース、または住宅のリビング、共有スペースの窓などでこの色を使います。

イエローオーカー ＋ バーントアンバー　　店舗　リビング

青系
ベースをコンポーズブルーとインジゴを混ぜた色で塗り、内部の描き込みは同色の濃いめの色で描きます。一般的な窓表現や、事務所、住宅の個室などでこの色を使います。

コンポーズブルー ＋ インジゴ　　事務所　寝室

制作手順

　ここでは3章で描いたオフィスビルのパースを使います。外観パースは空から塗ります。最初に用紙に水を塗り、水が乾かないうちにブルーの色を塗ります。このとき白い面積（雲になる部分）を多く残すことでパースが単調になるのを防ぎます。空の次は道路、壁と塗っていき、最後に点景を塗って全体をまとめます。

完成図

 空と道路を塗る
この例では空をタッチで塗ります。道路は単調にならないようにグレーでグラデーションを入れます。
↓
 壁を塗る
このビルは1階と2階以上で外壁材が異なります。1階はタイルのため、溝引き定規を使って目地や窯変を表現します。
↓
 窓を塗る
窓はガラスのベースを塗ったら、天井面やオフィス家具など、内部の様子がシルエットでわかる程度に描き込みます。
↓
 エントランス付近を塗る
1階エントランスのガラスは色付きガラスとし、黄系で表現します。庇や駐車場の内部も塗ります。
↓
 影を塗る
インテリアとちがい、太陽の方向で影の位置が変化します。どの部分に影ができるかを考えながら塗ります。
↓
Step 6 点景を塗る
事務所ビルなら少し抑え気味に点景の色を塗りますが、地味になりすぎるとプレゼン効果が薄れるので、人物の服などは明るめの色を選びます。

Step 1 空と道路を塗る

❶空を塗る

まず、空になる部分に水を含んだ太い平筆で水だけを塗ります。その水が乾かないうちに、大きめのタッチでコンポーズブルーを一気に塗ります。このとき、白い部分を多く残します。

memo
先に紙に水を塗るのは、タッチによる筆のキワを水でぼかすためです。はみ出しを避けるため、建物部分に水が付かないように注意してください。

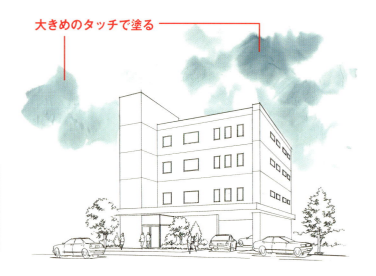

大きめのタッチで塗る

❷道路を塗る

セピアとインジゴを混ぜて、少し青みがかったグレーを作り、道路を塗ります。ベースを塗ったら重ね塗りでグラデーションと垂直方向の映り込みを入れます。

memo
道路のグラデーションの方向はVP1またはVP2方向のみです（ここでは正面側のためVP1方向）。

道路の映り込み

VP1方向

Step 2 壁を塗る

❶2階より上の壁を塗る

壁は白を想定しています。インジゴとセピアでグレーを作り、色の濃い側面側から塗ります。次に水を加えて薄い色にし、階段室の正面側を塗ります。

memo
色の濃いほうから塗り進めると、後から水を加えて同色の薄い色を作ることができるので、自然な陰が作れます。

側面側

階段室の
正面側

CHAPTER 6

❷壁のグラデーションを入れる

側面は手前に濃い部分を、正面は白を残しながら、グラデーションのみを入れます。正面と側面のコントラストがつくように塗ります。

❸1階のタイル壁を塗る

茶系のタイル壁は、バーントアンバーとイエローオーカーを混ぜて塗り、グラデーションを入れます。

> **memo**
>
> グラデーションは手前となる意匠壁の角を境に、側面は右下方向、正面は左下方向に入れます。

❹タイルの目地を入れる

1階のタイルに溝引き定規を使って、目地と質感を入れます。このくらいのスケールの場合は、横方向の目地だけで十分です。

Step 3 窓を塗る

❶窓を塗る
窓のベースはインジゴにセピアを少しだけ混ぜた色を塗ります。

❷ガラス内部を描き込む
ガラス内部に天井面や部屋の区切り、オフィス家具などを描き込みます。窓面が小さいので、はっきり描く必要はありませんが、VP方向を意識して描くと不自然になりません。

Step 4 エントランス付近を塗る

❶エントランスのガラスを塗る
1階エントランスのガラスは暖色系にします。ベースをイエローオーカーで塗り、内部の描き込みは、バーントアンバーなどを使います。ここでは受付カウンターなどを描き込んでいます。

❷庇と駐車場の壁を塗る

庇はステンレスです。インジゴ、セピア、クレムソンレーキを混ぜて色を作ります。グラデーションは、庇のコーナーの正面側を明るく、側面側を暗くしたら、あとは壁のグラデーションなどに応じて、濃淡を付けます。駐車場奥の壁はインジゴとセピアを混ぜた色で塗ります。

庇のコーナー

Step 5 影を塗る

❶建物の影を塗る

庇の影はタイル壁に落ちるので、セピアで塗ります。意匠壁の影はインジゴとセピアを混ぜて作ったグレーで塗ります。

> **memo**
> 庇の影は複数の面に落ちているため、場所によって長さや形が変わります。先に鉛筆で薄く影の形を描いてから塗ってもよいです。

意匠壁の影

庇の影

Step 6 点景を塗る

❶樹木を塗る

樹木は、パーマネントグリーンNo.1とパーマネントイエローライトを混ぜた緑や、ビリジャンヒューにバーントアンバーを加えた緑などで塗り分けます。樹木の葉の影はサップグリーンを使って塗り、幹はセピアで塗ります。

パーマネントグリーンNo.1＋パーマネントイエローライト

ビリジャンヒュー＋バーントアンバー

外観パースの着彩

❷人物と車を塗る

車のガラスはコバルトブルーとイエローオーカーを混ぜて作った、緑がかったブルーで塗り、タイヤは濃いめのグレーで塗ります。車体や人物の服は、差し色として明るめの色を選び、パースが暗くならないように白を多めに取り入れます。白を想定した車体や服にはグレーでグラデーションを入れます。

❸点景の影や反射光などを入れる

各点景の足元に影を入れ、道路の反射光や窓の奥に見える照明をハイライト（白い点）で入れます。最後に樹木の後ろの背景処理などをして仕上げます。

外観パースの着彩 －店舗－

CHAPTER 6 / 02

基本原則
- ターゲット層にあわせた服の色を選ぶ
- 人が集まるところの窓ガラスは黄系の色を使う
- ガラス内部の描き込みや看板で店の雰囲気を表現する

店舗の外観着彩

ここで使う外観パース

ここでは1Fはカフェとエントランス、2Fはホールという店舗を塗ります。インテリアの店舗パースと同様に、利用する客層を明確にして、その客層にあった洋服の色を選びます。エントランス付近やカフェなどの人が集まるところは、目立つように窓ガラスの色は黄系で塗ります。外観ではその店舗で扱う商品が描かれないため、何の店かがわかるようにガラス内部のシルエットの描き込みや看板などで、雰囲気を出すことが必要です。

外観パースの着彩 | 123

制作手順

この例は低層横長の建物です。横方向を強調するため、空はタッチではなく流して描く表現にします。入りやすい雰囲気を出すため、全体的に明るい色で塗っていきます。

完成図

Step 1 空と道路を塗る

空と道路から塗ります。空は前項と同じく、用紙に水を塗ってから色を塗ります。道路は広く見えないように、右側をある程度の長さでカットするように塗ります。

Step 2 壁を塗る

壁は茶系のタイルです。全体にタイルの窯変を入れ、テクスチャーを表現します。

Step 3 窓を塗る

1Fと2Fでガラスの色を変え、1F店舗部分がより目立つように表現します。ガラスの内部はその店舗がイメージできるようなシルエットを描き込みます。

Step 4 庇や看板などを塗る

庇や看板、デッキやポーチなどを塗ります。使われている材料により、色に変化を付けます。

Step 5 植栽とサインを塗る

植栽は明るめの緑で塗りますが、単調さを防ぐため暗めの緑も追加します。花を入れて全体を明るくします。

Step 6 目地と影を塗る

溝引き定規を使ってタイル目地を入れます。全体的に影を入れ、立体感を出します。

Step 7 点景を塗る

最後に車や人物などの点景を塗り、建物後方の背景処理をします。

Step 1 空と道路を塗る

❶空と道路を塗る

水を含んだ太い平筆で紙に水だけを塗ります。その水が乾かないうちに、コンポーズブルーを流して（ストロークで）塗ります。道路はセピアとインジゴを混ぜてブルー寄りのグレーを作り、溝引き定規を使用してシャープに塗ります。

> **memo**
> 空は上のほうを濃いめに、HLに近づくほど薄く塗ります。このときも白い部分を残します。

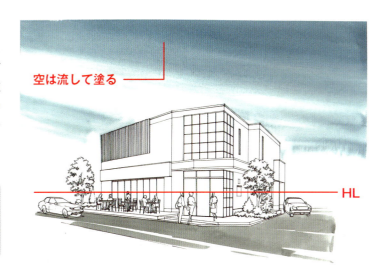

空は流して塗る

HL

❷道路にグラデーションを入れる

道路に同じ色を重ね、手前を濃いめに塗って遠近感を出します。

> **memo**
> 溝引き定規でシャープに塗ることによって、車の走行感が出せます。

手前を濃く、シャープに塗る

Step 2 壁を塗る

❶壁を塗る

ここでは外壁を茶系のタイルとするため、イエローオーカーとバーントアンバーを混ぜて、ベースを塗ります。

外観パースの着彩 | 125

❷壁にグラデーションを入れる

正面（テーブルのあるデッキ側）と側面の壁にグラデーションをそれぞれ入れます。

❸タイルの窯変を入れる

イエローオーカーとバーントアンバーを水を少なめにして混ぜ、細かいタッチでタイルの窯変を入れます。このとき、手前側（エントランスのあるコーナー）のほうが、窯変の密度が濃くなるように塗ります。

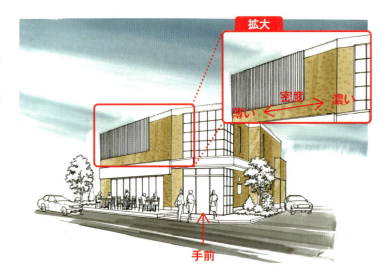

Step 3 窓を塗る

❶窓を塗る

窓のベースを塗ります。1階は黄系とするためイエローオーカーを、2階は青系とするためコンポーズブルーとインジゴを混ぜて塗ります。

❷ 窓に内部を描き込む

1Fはカフェとエントランス、2Fはホールの設定のため、各空間をイメージできるような人物や家具、什器をシルエットで描きこみます。ブルー系の窓はインジゴなどの濃いブルーで、イエローオーカーの窓は、バーントアンバーの色で重ねて描きます。

Step 4 庇や看板などを塗る

❶ 庇とルーバーを塗る

手前にあるエントランスの庇は、セピアとバーントアンバーを混ぜたこげ茶系の色で塗り、同色で2階奥のルーバー（縦格子）も塗ります。ベースを塗ったらグラデーションとコントラスト（明暗の差）を入れます。

❷ デッキや看板を塗る

店舗前のデッキ部分は木製なので、イエローオーカーとバーントアンバーを混ぜた色で塗ります。玄関前のポーチタイルはイエローオーカーとセピアに少しインジゴを混ぜた薄いベージュで、看板はパーマネントグリーンNo.1で塗ります。

外観パースの着彩 | 127

Step 5 植栽とサインを塗る

❶植栽とサインを塗る

植栽はパーマネントグリーンNo.1とパーマネントイエローライトを混ぜた色で塗り、低木は同色の濃いめのグリーンで塗ります。樹木の影はサップグリーン、幹はセピアで塗り、部分的に赤や黄色で花を入れます。店舗サインは具体的な文字ではなく、アルファベットを崩した形で描きます。

> **memo**
> 店名が決まっていない段階では、読めないレベルのサインにします。

サインは崩した形

Step 6 目地と影を塗る

❶目地と影を塗る

溝引き定規を使用して、筆でタイルの横目地を入れます。影はそれぞれの場所でベースの濃い色を使って入れます。窓のサッシ部分はポスターカラーの白で色を重ねます。

> **memo**
> タイル目地が筆で描きにくい場合は、0.3mm程度のシャープペンシルを使ってもいいです。

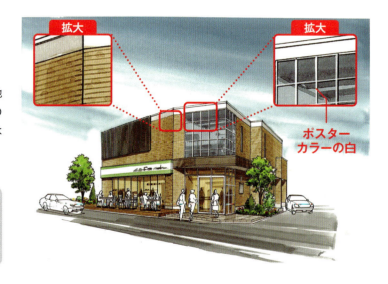

ポスターカラーの白

Step 7 点景を塗る

❶点景を塗る

人物の髪はセピア、肌はライトレッドとイエローオーカーを混ぜて塗ります。服装と車は白を残しながら、明るめの色で塗ります。最後に窓の中にハイライトを入れ、建物の背景を仕上げて完成です。

CHAPTER 6
03 外観パースの着彩 －戸建住宅－

基本原則
- 凹凸の多い住宅は陰影でしっかりと立体感を表現する
- 家族の共有スペースは黄系の窓で強調する
- 外溝の仕上げはケース・バイ・ケースで調整する

戸建住宅の外観着彩

ここで使う外観パース

戸建住宅を塗ります。この例は寄棟屋根の2階建てで、複数のバルコニーを設置することを想定しています。このように凹凸の多い住宅は、立体感がしっかり出るように陰影の付け方に気をつけましょう。住宅の場合は、家族が集まるリビングなどの窓を黄系で塗ると、温かい雰囲気を出しつつ、強調することができます。庭の植栽を多めにして華やかにすると明るい雰囲気になりますが、すでに施主が決まってる物件の場合、イメージとのちがいがトラブルになるケースもあるため、外溝仕上げはほどほどにするようにしましょう。

制作手順

空、地面、建物と塗っていきますが、この住宅のように屋根やバルコニーなど凹凸がある建物の場合は、陰影をはっきりさせて立体感を強調すると、建物の良さが出ます。

完成図

Step 1 空と道路を塗る

空と道路を塗ります。戸建住宅のようにシャープな感じを出したくない場合は、これまでのように道路に溝引き定規は使いません。

Step 2 壁を塗る

壁面は吹き付け部とレンガタイル部があります。テクスチャーのちがいを意識して塗ります。

Step 3 窓を塗る

窓はリビング部を黄系の色で塗り、温かい雰囲気を出します。

Step 4 屋根とサッシを塗る

屋根は黒系、サッシはブロンズ系で塗ります。黒はインジゴとセピアの混色を使います。

Step 5 アプローチと植栽を塗る

アプローチ部と植栽を塗ります。植栽は彩度や明度のちがう緑を使って変化を持たせます。

Step 6 目地と影を塗る

タイルの目地を入れ、影を塗ります。形が複雑なため、影の入れ忘れに注意しましょう。

Step 7 点景を塗る

車と外テーブルを塗り、仕上げのハイライトなどを追加します。

Step 1 空と道路を塗る

❶空と道路を塗る

空は、紙に水を塗り、水が乾かないうちにタッチを効かせてコンポーズブルーで塗ります。道路はセピアとインジゴを混ぜ、ブルー寄りのグレーを作って塗ります。

> **memo**
> 道が広くても用紙ギリギリまで塗ると足下が重くなるので、塗る範囲はこの程度で抑えておきます。

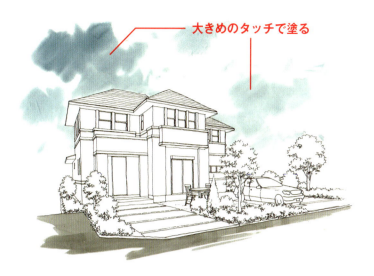

大きめのタッチで塗る

Step 2 壁を塗る

❶吹き付け部分を塗る

吹き付け部分は白を想定していますが、側面はグレー、正面は薄いグレーでベースを塗り、それぞれ同色でグラデーションを入れます。

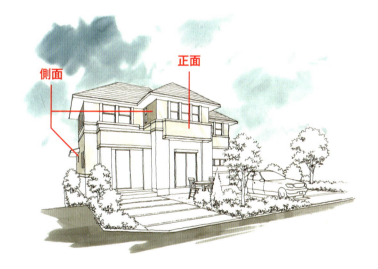

側面　正面

❷レンガタイル部分を塗る

レンガタイル部分は、ライトレッドとバーントアンバーで塗ります。

外観パースの着彩 | 131

❸レンガタイルの窯変を入れる

レンガタイル部分の側面と正面のグラデーションを入れ、タイルの窯変を入れます。

Step 3 窓を塗る

❶窓を塗る

窓のベースはコンポーズブルーとインジゴを混ぜたブルーで塗ります。1Fのリビングの窓は、イエローオーカーを塗ります。

❷窓の内部を描き込む

ブルーの窓はインジゴなどの濃いブルーで、イエローオーカーの窓はバーントアンバー系の色で、内部のシルエットを描きます。

> **memo**
> 住宅の場合は、棚やテーブル、奥に見えるドアのシルエットなどが適しています。

Step 4 屋根とサッシを塗る

❶屋根を塗る

屋根は黒を想定しています。インジゴとセピアを水を少なめに混ぜて黒色を作ります。軒天は屋根の黒色を薄めたグレーで塗ります。

> **memo**
> 単色の黒はパースが重くなるので、ほとんど使いません。

こちらの屋根も忘れずに　軒天

❷サッシ部分を塗る

サッシはブロンズ系とするため、セピアを多めにしてバーントアンバーと混ぜた茶色で塗ります。玄関扉も同色で塗ります。

拡大　サッシ

Step 5 アプローチと植栽を塗る

❶アプローチを塗る

玄関ポーチと基礎部分、アプローチ部分をイエローオーカーとセピアに少しインジゴを混ぜたベージュで塗ります。べた塗りにならないように必ずグラデーションを入れます。

> **memo**
> グラデーションの方向は道路と同じく、VP方向です。

VP方向

外観パースの着彩

❷植栽を塗る

植栽・芝は、パーマネントグリーンNo.1とパーマネントイエローライトを混ぜた明るめの緑で塗り、低木は濃いめの緑にして変化を持たせます。植栽の影はサップグリーン、幹はセピアで塗ります。花を入れる場合は、その場所にポスターカラーの白で下地を作り、その上に花の色（赤や黄色）を置きます。

> **memo**
> 白のポスターカラーで下地を作ると、緑色との混色を避け、花の色を引き立たせることができます。

ポスターカラーの白

Step 6 目地と影を塗る

❶目地と影を入れる

レンガタイルの横目地は溝引き定規を使って筆で入れます。影は、吹き付け部分はグレーで、レンガタイル部分はこげ茶で塗ります。玄関扉は最後に装飾を入れるため、この段階では扉に影は入れません。

> **memo**
> タイル目地が筆で描きにくい場合は、0.3mm程度のシャープペンシルを使ってもいいです。

吹き付け部分の影　拡大　レンガタイル部分の影

Step 7 点景を塗る

❶点景を塗る

玄関扉にガラスや取っ手などを入れて、影を追加し、車付近や外テーブルなどに色と影を入れます。最後に窓の中にハイライトを入れ、建物の背景は樹木が続くような仕上げにするため、インジゴとサップグリーンを混ぜて薄く塗ります。

背景処理

第7章

さまざまな表現方法

CHAPTER 7

01 マーカーによる着彩

> **基本原則**
> - 速乾性があるため、時短パース向き
> - よく使う色は淡色から中間色
> - 重ね塗りしやすいためきれいなグラデーションが作れる

完成図

　マーカーによる着彩は、手軽で速乾性もあることから、時短パースに大変有効です。素早く塗っていくとムラになりにくく、きれいに仕上げることができます。

　本書では「コピック スケッチ」を使用しています。このマーカーは色の種類が豊富で、1本に太さのちがう2種類のペン先があり、塗る場所によって使い分けができることから、建築パースでもよく使われます。

　インテリアではビビッドな色をアクセント以外に使う機会が少ないので、これからマーカーを揃えるなら、淡色から中間色の色数を充実させるのがおすすめです。

使用画材

コピック スケッチ

塗りのポイント

※ W や E はコピックの色番号です

天井・壁・床

天井や壁は、細かいタッチで描かないようにします。同じ色を塗り重ねるときれいなグラデーションが作れるので、メリハリや陰影が簡単につけられます。床はムラのないように塗り、什器などが映り込んでいる所は、同じ色を垂直方向に塗り重ねます。

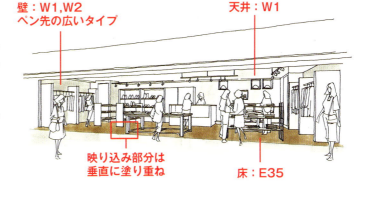

壁：W1,W2 ペン先の広いタイプ
天井：W1
映り込み部分は垂直に塗り重ね
床：E35

木製什器

木製什器を茶系で塗り、メリハリと質感を表現するため、さらに同色でグラデーションを付けます。

木製什器（棚）：E27
木製什器（仕切り）：E35
陰影部分は塗り重ね
木製什器：E47

ガラス・商品・人物

什器のガラスはブルーグリーン系の色で塗り、必ずハイライト部分の白を残して、暗い部分は重ね塗りします。商品の色はかたよらないようにし、白い部分を少し残して、明るい絵に仕上げます。人物の服も同じです。

ガラス：G00 ハイライト部分は残す
商品は色がかたよらないようして白を残す

観葉植物・天井周り・陰影など

ガラス面は中の小物類を薄いグレー（C4、C7）で描き込みます。観葉植物に着色し、人物や什器の真下に同系色を重ねて影を表現します。最後に、壁の正面と側面にコントラストが付いているか、影がしっかり入っているかなどを確認して立体感のあるパースに仕上げます。

天井：C4
ガラスの描き込み：C4、C7
鏡：C2
照明：C6
観葉植物：YG25
人物の影：C8
什器の影：C8
鉄製什器：C6

さまざまな表現方法　137

CHAPTER 7
02 色鉛筆による着彩

基本原則
- アイデア段階や、やわらかく表現したいパース向き
- 面積の広い場所は奥を濃く、手前を薄く塗る
- 絵に深さを出すためには、単色だけでなく何色かを塗り重ねる

完成図

　色鉛筆も親しみのある画材です。手軽に使えるため、アイデア出しの段階や、やわらかく表現したいパースに向いています。本書ではFABER CASTELLの色鉛筆で説明しますが、種類も多く、メーカーによって色合いがちがうので、好みの色鉛筆を選びましょう。

　色鉛筆による着彩では、重ね塗りによってさまざまな色を作ることができます。絵に深さを出すためには、単色だけでなく、何色か重ねて表現することがコツです。きれいなグラデーションで描くと上品な仕上がりになります。

使用画材

FABER CASTELL

塗りのポイント

※（　）内の数値は FABER CASTELL の色番号です

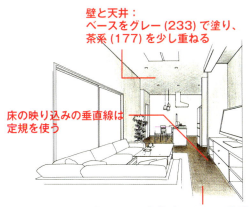

天井・壁・床

天井と壁はウォームグレーで奥を濃く、手前を薄く塗り、徐々にフェードアウトさせます。角度を付けてベースを塗ると、そのあとの塗り重ねで濃度が出しやすくなります。床はムラが出ないように均等に塗ります。床の映り込みの垂直線は、定規を使うとフローリングの質感が出ます。

ガラス面・家具

ガラス面には水色を薄く塗りますが、このとき全体を塗りつぶさないようにします。木製家具は茶系をベースに、同じ茶系を塗り重ねてグラデーションを作ります。テレビや換気扇は材質が硬質なので色鉛筆の先を使ってシャープに塗り、ソファは色鉛筆を寝かせてふんわりと塗ります。ソファの入隅に影を入れると丸みを表現できます。

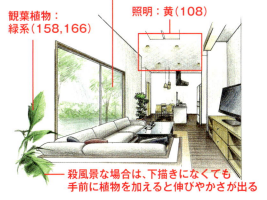

室内小物や枠など

小物を塗るときには少し力を入れて塗ると引き締まったパースに仕上がります。さらに暖色系の色味を1つか2つ加えると絵に存在感が増します。
窓枠は面積が小さいものの、正面と側面で色を変えるとグッと奥行き感が出ます。

植物、照明、陰影など

植物は淡い色から順に塗り重ねます。室内の植物には黄緑や濃い緑を使い、ガラス越しの植栽は室内より明度や彩度を少し落とすと、遠近感が自然に感じられます。最後に家具の真下にベースの濃い色を重ねて影を入れ、照明などを描き加えます。

CHAPTER 7

03 風景画風の着彩

> **基本原則**
> - 設計の初期のコンセプトパースとして使用する
> - 明暗のコントラストを強くすると、インパクトのある表現になる
> - ボリュームイメージなのでディテールまで描き込まない

完成図

使用画材

水彩紙

下描き

　図面をベースにした完成予想図ではなく、設計コンペのコンセプトや計画段階でのイメージを風景画風に表現することがあります。基本的な遠近表現を使いますが、パースというより絵に近いイメージ表現です。画材はパースと同じく水彩絵の具で、用紙は絵画で使う水彩紙のアルシュ紙などを使います。自由度が高いためイメージによって描き方が変わりますが、ここでは上記のような高層建物の着彩を例にポイントを紹介します。

塗りのポイント

空・手前の建物

空はあまりリアルにとらえずに、タッチで表現します。手前の建物から描き、手前にかなり濃い影を入れると、遠近感を強調できます。水彩は濃い色が出にくいので、水を少なめにして塗ります。この段階で絵に白を残す部分（空以外の白部分）は塗らないように注意します。

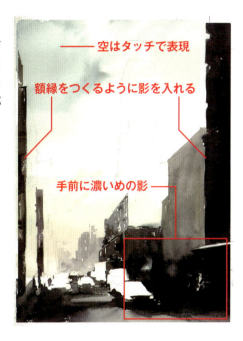

空はタッチで表現
額縁をつくるように影を入れる
手前に濃いめの影

正面側を影にするとシルエット的に表現できる
車などはコントラストをわざと強くする

高層建物・周辺建物・車

メインとなる高層建物のディテールは省略気味に塗り、正面側を影にすると、ボリュームイメージらしく表現できます。逆に周りの建物は窓などを描き入れ、車なども明暗のコントラストをはっきりさせると、黒い部分が多くても全体が暗くなりません。

人物

最後に人物の色を入れます。赤などの目立たせたい色は、ほとんど水を混ぜずに原色そのままで塗ります。ポスターカラーの白を使って、手前の人物の服や肌にハイライトを入れます。

手前の人物にハイライトを入れる

さまざまな表現方法 | 141

CHAPTER 7
04 不透明水彩による着彩

> **基本原則**
> - 建築パースでは透明水彩絵の具とポスターカラーの白を混ぜて不透明にする
> - 不透明水彩は塗り重ねていくため、空や背景部分から塗り始める
> - はみ出さないように溝引き定規を活用する

完成図

　不透明水彩は、文字どおり下にあるものを透過させない絵の具を使って描く水彩画です。不透明水彩絵の具もありますが、ここでは透明水彩絵の具にポスターカラーの白を混ぜて不透明に仕上げます。

　不透明水彩はグレーのキャンソンボード（P.86）に写した下描きを元に描いていきますが、下描きは絵の具で見えなくなってしまうため、建物の線も塗りで表現しなくてはなりません。描きこなすためには、溝引き定規や細い筆の使い方をマスターしましょう。最近は少なくなってきた表現方法ですが、質感表現の練習には最適です。

使用画材

キャンソンボード
ポスターカラー（ホルベイン）白
＋
透明水彩絵の具

塗りのポイント

※アルファベットはホルベインウォーターカラーの色です（P.87 参照）

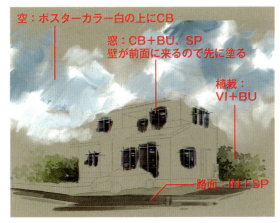

空・背景の植栽・路面・窓

背景（背面）となる部分から描きます。空は最初に水を塗り、水が乾く前にポスターカラーの白を塗って、その上から水彩絵の具のコンポーズブルーでタッチを付けます。窓と背景は水彩絵の具だけで塗り、窓のサッシと照明はポスターカラーの白で描きます。後で不透明の壁を塗り重ねるので、輪郭がはみ出していてもかまいません。

壁・屋根

壁や屋根などは水彩絵の具にポスターカラーの白を混ぜた色で塗ります。正面白壁のベースはポスターカラーの白で均一に塗って、窓のはみ出しを消します。正面のグラデーションは右上から左下、側面は左上から右下に斜めに入れます。タイル壁は正面を YO で、グラデーションは YO に BU を加えて濃くします。際は、はみ出さないように溝引き定規を使います。

タイル目地・影

タイル目地は 2 つの VP 方向を基準に鉛筆で下描きをし、手前の角から奥に行くにつれて細くなるように筆を入れます。タイルの窯変はタイル壁側面と同じ色を使い、VP 方向に向かって薄くしていくことで、遠近感を出します。影は黒を使うのではなく、ベースの色の濃い色で塗ります。

点景

最後に点景を入れます。慣れないうちはできるだけ細かく下描きをしてから塗りましょう。車は白をベースに白壁と同じ色調で陰影を付けます。樹木の緑は水彩で濃度を濃くして塗ります。最後に、はみ出しや塗り忘れを修正します。

【著者】

湯浅　禎也（ゆあさ　よしや）

1962 年生まれ、大阪デザイナー専門学校卒。（株）コラムデザインセンター制作部長。
湯浅アトリエ主宰。大阪デザイナー専門学校非常勤講師。日本アーキテクチュラル
レンダラーズ協会　関西支部長。大阪府優秀技能者表彰「なにわの名工」受賞。

執筆協力：

松井　美樹　アトリエグリーンズ
安井　秀一　（株）コラムデザインセンター

建築・インテリアのための
伝わるパースの描き方

2018 年 9 月 7 日　初版第 1 刷発行
2021 年 3 月 29 日　　　第 2 刷発行

著　者　湯浅禎也
発行者　澤井聖一
発行所　株式会社エクスナレッジ
　　　　〒 106-0032　東京都港区六本木 7-2-26
　　　　https://www.xknowledge.co.jp/

問合せ先
編集　TEL 03-3403-5898 ／ FAX 03-3403-0582　info@xknowledge.co.jp
販売　TEL 03-3403-1321 ／ FAX 03-3403-1829

本書内容についてのご質問は、返送先をご記入のうえ、メールまたは FAX でお送りください。
電話での質問受付／回答は行なっておりません。
なお、回答には日数を要する場合がございます。ご了承ください。

無断転載の禁止
本誌掲載記事（本文、図表、イラスト等）を当社および著作権者の承諾なしに無断で転載（翻訳、複写、
データベースへの入力、インターネットでの掲載等）することを禁じます。